LES

EAUX DE TOULON

sous

LE RÉGIME DU MONOPOLE

TOULON

IMPRIMERIE ÉMILE COSTEL, COURS LAFAYETTE, 74

—

1863

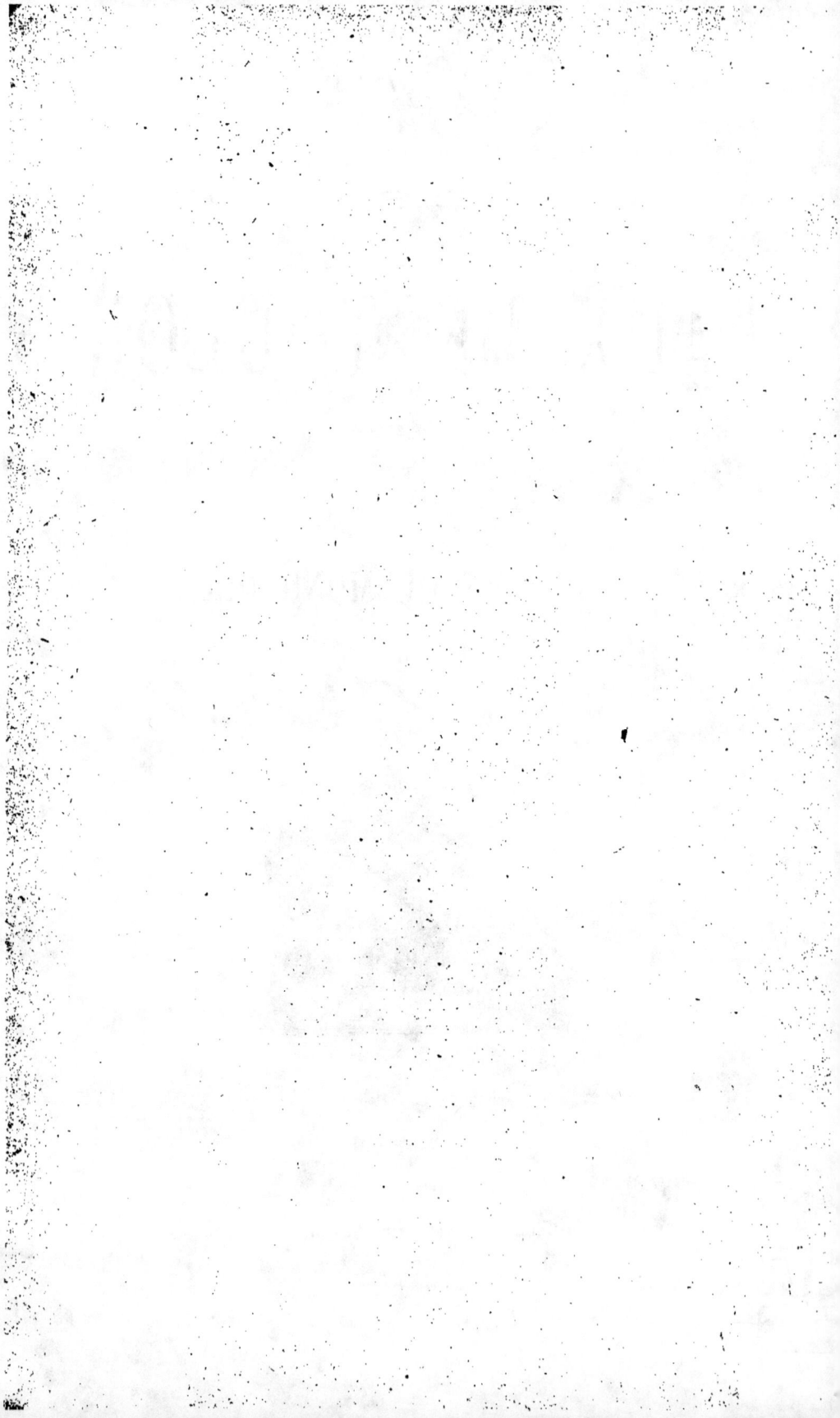

LES EAUX DE TOULON

LES
EAUX DE TOULON

SOUS

LE RÉGIME DU MONOPOLE

TOULON

IMPRIMERIE ÉMILE COSTEL, COURS LAFAYETTE, 74

—

1883

EAUX DE TOULON

LE RÉGIME DU MONOPOLE

PREMIÈRE PARTIE

Les affaires municipales et surtout l'administration des biens appartenant à la communauté soit comme biens patrimoniaux, soit comme biens de l'universalité, sont pour tous les citoyens d'une commune d'un intérêt direct et immédiat, et méritent qu'on prenne la peine de les examiner à fond et dans toutes leurs conséquences.

La Municipalité actuelle de Toulon a passé, avec la Compagnie Générale des eaux, un traité qui livre pendant *soixante-trois* ans la distribution et la concession, à titre onéreux, des eaux potables et d'irrigation dans notre commune, à l'exploitation monopolisatrice de cette Compagnie, et qui consacre au bénéfice de communes voisines, la dérivation hors de notre terroir d'un volume très considérable d'eau potable.

De plus, une convention *amiable* intervenue en même temps entre notre Municipalité et la ville de La Seyne, a transformé en *aliénation perpétuelle* la dérivation dans le terroir de La Seyne de ce volume d'eau, ainsi distrait non pas de ces biens patrimoniaux que les conseils municipaux ont, hélas! la faculté d'aliéner au gré de leurs délibérations, mais de ces biens qui, appartenant à l'universalité des habitants d'une commune, sont inaliénables et à la jouissance desquels chaque habitant a autant de droits que tous.

Ce traité et cette convention ont modifié profondément le régime des eaux publiques à Toulon; ils ont créé un régime véritablement nouveau, détruit une situation plusieurs fois séculaire, amoindri les conquêtes et les acquêts faits par nos ancêtres municipaux et bouleversé de fond en comble et sans compensation des intérêts considérables; ils ont engagé l'avenir, d'abord en assurant, pour un laps de 63 ans, des bénéfices énormes à une Société financière aux dépens de notre bourse, et en menaçant d'expropriations et de servitudes tous les points de notre terroir, et ensuite, comme nous venons de le dire, en aliénant à *perpétuité* une partie considérable d'un bien qui était à nous tous et dont la conservation eût dû être considérée comme un devoir sacré pour la Municipalité, cette première gardienne, cette première protectrice de nos droits et de nos intérêts communs.

Il est donc permis à chacun de nous, à chaque contribuable Toulonnais, de discuter la lettre et l'esprit, de peser le pour et le contre de ce traité et de cette convention, et de se faire une idée exacte de ce que va être le nouveau régime de nos eaux, d'en étudier les conséquences et de communiquer à ses concitoyens le résultat de son examen et de son étude.

Que ceux d'entre nous qui, n'ayant pu jusqu'à présent participer aux concessions d'eau potable, vont se trouver très heureux de pouvoir enfin y avoir part; que ceux qui vont se trouver enfin au voisinage d'une fontaine publique, ne se fassent pas illusion dans le premier élan de leur satisfaction; que leur premier contentement ne les aveugle point:

Ils auraient dû, ils auraient pu avoir leur nouvelle part des eaux de la communauté, les uns à de meilleures conditions de prix, les autres à de meilleures conditions d'abondance et de facilité; tous auraient dû et auraient pu avoir leur nouvelle part des eaux sans que les intérêts généraux fussent lésés, sans même qu'un grand nombre d'intérêts particuliers en souffrissent. Et de plus, il aurait pu en être ainsi, soit avec un grand gain pour nos finances municipales, soit avec un grand allégement pour nos charges contributives.

Mais, hélas! il en est tout autrement, et si toutes nos affaires municipales étaient résolues et réglées comme l'affaire des eaux, ce serait un désastre pour l'ensemble des habitants de notre commune.

En effet, notre Municipalité actuelle a-t-elle passé avec la commune de La Seyne une convention *amiable* très préjudiciable aux Toulonnais, et devait-elle et pouvait-elle ne pas passer cette convention ou la faire tout autre?

— Oui.

Lorsqu'elle a voulu améliorer le service des eaux en le livrant à l'exploitation privée, notre Municipalité a-t-elle passé un traité définitif qui équilibre les avantages entre la Commune et la Compagnie concessionnaire?

— Non.

Avait-elle les moyens et le pouvoir soit d'améliorer directement et par elle-même le service des eaux, soit de passer avec des tiers un traité meilleur?

— Oui.

Et, de plus, lorsque notre Municipalité a eu un soumissionnaire dont elle a accepté les propositions, a-t-elle, en transformant ces propositions en traité définitif, maintenu dans ce traité tout ce que ces propositions pouvaient avoir d'avantageux pour nous tous?

— Non.

Il nous sera facile de démontrer que dans le traité définitif les engagements publics du soumissionnaire, M. Martini, ont été modifiés dans un sens favorable à la Compagnie substituée au titulaire de la concession et défavorable aux Toulonnais.

De prime abord cela peut paraitre incroyable, mais en fait c'est comme cela.

Que le lecteur veuille bien s'armer de la patience nécessaire pour aller jusqu'au bout de ce qui va suivre : s'il n'y trouve point de l'amusement comme dans la vive polémique d'un journal, il y trouvera, nous osons le croire, des choses bonnes à connaitre et des détails très instructifs sur un des actes les plus importants que notre Municipalité actuelle ait pris la responsabilité d'accomplir.

Qu'on ne s'y trompe point : pendant son passage aux affaires cette municipalité aura porté une irréparable atteinte à l'intégrité de l'un des biens les plus précieux appartenant à l'universalité des citoyens de la commune et dont, comme tel, nous doutons qu'elle ait eu le droit de disposer.

La ville de Toulon, ou, pour être plus exact, l'universalité des habitants de cette commune, possédait les sources de la Baume, de Saint-Antoine, des Pomets et de Saint-Philip, dont le débit total, si nous devons en croire le cahier des charges établi en 1880 par la Municipalité, est, en moyenne, ou, pour mieux dire, au *minimum*, de trois mille sept cent quarante-un mètres cubes ou soit de *trois millions sept cent quarante-un mille litres par 24 heures*.

Une partie de ces 3,741 mètres mètres cubes mise au service des particuliers sous forme de concessions, rapportait à la ville des redevances annuelles.

De plus, la source pérenne de La Foux, d'autres sources intermittentes, divers ravins aboutissant à la rivière de Dardennes et divers barrages dans cette rivière déversaient et ramenaient depuis des siècles dans le canal dit Béal des eaux abondantes ; et avec ces eaux une partie des terroirs du Revest et de Toulon était irriguée, des industries de toute sorte (moulins à blé et à huile, scierie, lavoirs à linge, etc.), étaient alimentées, l'intérieur de la ville était arrosé et nettoyé pendant douze heures chaque jour et la commune de Toulon encaissait des redevances annuelles tant des arrosants que des divers industriels établis sur le parcours du Béal.

Ces redevances réunies formaient une recette annuelle de 33,000 fr. pour la caisse municipale, sans compter la part de la ville sur les autres impôts des locaux industriels et sur les patentes des détenteurs de ces locaux.

Toutes ces eaux (sources de La Foux, de la Baume, etc.), formaient un bien commun appartenant à l'universalité des habitants, tous avaient, suivant le possible, droit à leur usage, pouvaient boire et puiser aux fontaines publiques, obtenir sous certaines conditions des concessions de ces eaux pour les conduire et les utiliser dans leurs propriétés privées, laver gratuitement leur linge sur le parcours du canal conduisant une partie de ces eaux dans la ville pour la salubrité commune ou le laver dans la rivière alimentée par le survers de ces eaux, etc.

A l'étiage, c'est-à-dire dans la saison la plus sèche, aux plus basses eaux, le débit de la seule source de La Foux est de *douze mille neuf cent soixante mètres cubes* par 24 heures et non pas de 7,500 mètres cubes, comme le disait le cahier des charges établi en 1880. Nous dirons plus loin pourquoi, à notre avis, on fixait le débit de La Foux à 7,500 mètres cubes et non pas à 12,960 mètres cubes.

Ce n'est donc pas, comme le disait le cahier des charges, de 11,241 mètres mètres cubes d'eau dont la ville de Toulon disposait par 24 heures, mais bien de seize mille sept cent un mètres cubes ou soit de *seize millions sept cent un mille litres* au minimum! et c'est cette quantité qui est livrée à la Compagnie Générale des Eaux pour qu'elle en rende gratuitement environ le quart (4,300 m. c.) aux services publics et pour qu'elle dispose contre argent des trois autres quarts (12,400 m. c.)! Elle n'est même tenue de disposer pour les usages publics et privés dans le terroir de Toulon que de 14,000 mètres cubes par 24 heures (article 1er du chapitre 1er du Traité), libre de faire sortir de la commune toute quantité d'eau potable excédant ce chiffre, c'est-à-dire 2,701 mètres cubes ou soit *deux millions sept cent mille litres !* Et de cette liberté elle a déjà usé en vendant pour toujours à la ville de La Seyne *deux mille quatre cent quarante mètres cubes* d'eau, sinon plus, marché ratifié et fait sien par notre Municipalité laquelle a ainsi consenti à la désemparation d'une partie de ce bien inaliénable qui, appartenant à l'universalité des habitants de Toulon, ne devait pas être enlevé à l'usage de cette universalité.

La Compagnie vendant l'eau au prix moyen de 60 francs le mètre cube, la valeur des eaux dont elle va disposer contre argent pendant 63 ans, après avoir défalqué les 4,300 mètres cubes gratuits nécessaires aux services publics, représente une somme annuelle de *sept cent quarante-quatre mille francs* (744,000 fr.).

Mais cette quantité de 4,300 mètres cubes à rétrocéder gratuitement par la Compagnie aux services publics pourra, ainsi que le disent fort bien les deux derniers paragraphes de l'article 10, page 9, du traité, être diminuée *par une réduction des nombres d'heures d'ouverture des robinets des fontaines monumentales et de puisage, ainsi que par les lavoirs communaux, latrines et urinoirs publics, ainsi que par la suppression des fontaines de puisage..... Ce volume total pourra aussi être diminué de la quantité non consommée par les établissements communaux, et si la ville concédait* à *une Compagnie d'exploitation l'entreprise de l'assainissement de la ville et des faubourgs, réunie au service des vidanges, la Compagnie des eaux ne se trouverait plus dans l'obligation de servir gratuitement l'eau nécessaire aux urinoirs et aux latrines publiques.* Par conséquent, toutes ces réductions et suppressions augmenteraient d'autant les quantités d'eau dont la Compagnie pourrait disposer à titre onéreux, soit en dedans, soit en dehors de notre terroir.

Quelle est la quantité que pourront former toutes ces réductions et suppressions? — Mystère.

En ajoutant à la libre exploitation, contre argent, de ces 12,400 mètres cubes et plus d'eau, la faculté d'utiliser tous les canaux, aqueducs, canalisations, réservoirs, etc., possédés par la ville, la cession gratuite de l'usage des terrains communaux nécessaires à l'établissement des canaux, réservoirs, barrages, etc., dont la Compagnie aura besoin, la renonciation au produit que la ville perçoit actuellement sur les concessions d'eau (33,000 fr.), etc., etc., on peut dire que notre Municipalité a fait à la Compagnie concessionnaire un *richissime* cadeau, un de ces cadeaux que jadis les autocrates faisaient à leurs favoris ; et, remarquons-le bien, sans qu'il ait été nécessaire à cette Compagnie de prouver qu'elle avait en réserve quelque part un centimètre cube d'eau lui appartenant en propre et devant venir s'ajouter aux anciennes eaux dont la ville disposait; car les eaux du Ragas n'étant autres, comme chacun le sait maintenant, que les eaux de La Foux, et la ville, comme nous le démontrerons plus loin, ayant eu de faciles moyens de rendre nulles les prétentions et oppositions des possesseurs du Ragas, même après le jugement favorable à ces possesseurs, dire que les eaux du Ragas sont de nouvelles eaux livrées à la consommation, c'est jouer sur les mots et illusionner la masse du public.

Si la distribution des eaux des cinq sources ci-dessus

énumérées n'était pas bien faite, si leur canalisation était défectueuse, si tout le parti utile n'était pas tiré de leur débit, si trop peu d'entre nous pouvaient en avoir leur part, rien n'empêchait la ville de faire les travaux d'amélioration et de distribution reconnus nécessaires.

Ce que fait en ce moment la Compagnie Générale des eaux, ce qu'elle va faire des susdites sources, la ville de Toulon n'avait qu'à le faire, et elle aurait pu encaisser pour elle-même les gros bénéfices que pendant plus *de 60 ans*, la Compagnie Générale des eaux va encaisser, bénéfices qui auraient pu servir soit à alléger nos lourds impôts municipaux, soit à exécuter les grands travaux projetés, sans nous imposer de nouvelles charges contributives ; ou bien, ne percevant comme redevances que l'amortissement échelonné de ses dépenses, la ville aurait pu éviter ainsi à ses administrés de sortir pendant *plus de soixante ans* de leur bourse le montant des bénéfices nets que va réaliser cette Compagnie ; car, naturellement, cette Compagnie a fait ses calculs, non seulement pour amortir dans le cours de soixante-trois ans les débours qu'elle aura faits, mais encore pour réaliser, à nos dépens, un excédant de bénéfices de nature à donner profit et contentement à ses actionnaires.

Quant à ces dépenses d'amélioration et d'extension du service des eaux, en quoi auraient-elles été supérieures à tant d'autres dépenses que notre ville se permet ou projette, comme s'il s'agissait de simples bagatelles : Ecole Rouvière, Musée-Bibliothèque, boulevard du Littoral, etc. ?

Est-ce que notre ville a hésité à s'imposer pour longtemps, à faire de lourds sacrifices financiers, lorsqu'il s'est agi de transformer ses Hospices, de créer un Jardin public, de construire un Théâtre proportionné à l'importance de la cité et au nombre de ses habitants, de refaire et d'agrandir l'Abattoir, etc. ?

Est-ce qu'elle hésiterait à faire les mêmes sacrifices financiers, si elle trouvait un système pratique d'égoûts?

Est-ce qu'améliorer le service des eaux, augmenter la quantité disponible de celles-ci par une meilleure captation, un meilleur aménagement, une meilleure canalisation, ne constituait pas, dans une commune populeuse comme la nôtre, une dépense de première utilité?

Au lieu de cela, la Municipalité livre nos eaux à une Compagnie qui va exploiter l'habitant à son profit; elle va, depuis le Revest jusqu'aux portes de Toulon, laisser supprimer les cultures arrosées au profit des cultures similaires dans les communes voisines et laisser arrêter, sans doute pour toujours, le travail des usines et des industries riveraines du béal au profit des usines et des industries similaires des autres localités, alors que partout les Municipalités, soucieuses des intérêts de leurs administrés, cherchent à favoriser l'arrosage des terres, à protéger l'agriculture de leur terroir et à conserver, protéger et faire développer les industries locales!

Qu'on ne s'y trompe point, et nous le démontrerons plus loin, on ne nous donnera ni eau d'irrigation, ni eau industrielle, car on ne peut dire que notre terroir sera irrigué parce que nous aurons ce que le traité appelle élégamment l'eau d'arrosage à mode continu, l'eau de cet arrosage devant coûter presque aussi cher que l'eau potable.

Il est possible que cette eau à mode continu serve à multiplier les petits jardinets arrosables par minuscules portions à la fois et les petites cultures à l'arrosoir, mais sûrement elle ne peut être considérée comme de l'eau agricole et plus sûrement encore elle ne pourra faire mouvoir la moindre usine! Et c'est aux propriétaires de petits jardinets, aux cultivateurs à l'arrosoir, à ceux qui n'auront ni l'emplacement nécessaire, ni peut-être les moyens pour construire des bassins d'emmagasinage qu'elle coûtera le plus cher, un prix équivalent ou très rapproché de l'eau potable.

Si on voulait avec cette eau irriguer, hebdomadairement comme il est d'usage, un hectare aménagé en prairie ou en toute autre culture analogue, il faudrait d'abord faire les frais d'un immense et très coûteux bassin pouvant emmagasiner environ 625 mètres cubes, afin de compenser l'eau perdue chaque jour par l'évaporation et afin de conserver un peu de pression pour utiliser jusqu'au bout les 604,800 litres nécessaires à l'irrigation de cet hectare, et payer annuellement une redevance de *2,851 fr. 20 centimes*, c'est-à-dire plus de *vingt-huit fois* ce que coûte au *maximum*, en n'importe quel pays, l'eau d'irrigation proprement dite, c'est-à-dire, l'eau véritablement agricole. Or cette eau agricole est encore pour nous dans les brouillards de la Loire ou de tout autre fleuve ou rivière, brouillards dans lesquels elle restera. Le peu que nous en avions va nous être supprimé par l'assèchement du Béal. De là infériorité immédiate pour le terroir de Toulon qui, probablement aussi, verra disparaître l'eau d'un grand nombre de puits et de norias par les pompages constants et puissants exercés à Saint-Antoine, par la captation, le refoulement et la canalisation des eaux de La Foux et de la rivière de Dardennes.

On le voit, pour user utilement de ces eaux continues, il faudra, à moins qu'on ne se réduise absolument à la culture à l'arrosoir ou au très mince filet de la classique petite rocaille ou au petit aquarium à poissons rouges, faire les frais de bassins de retenue. Nous ne parlons que pour mémoire des frais de prise d'eau et de conduite d'amenée qui, ainsi que le dit l'article 37, seront à la charge des abonnés.

Dans deux cas, il est vrai, il sera fait une réduction sur le prix de ces eaux :

D'abord, lorsque le terrain recevant ces eaux ne contiendra

pas de maison d'habitation ; mais dans notre terroir bien peu nombreuses sont les propriétés situées entre 80 et 120 mètres d'altitude qui n'ont pas au moins un *bastidon* ;

Ensuite, lorsque les eaux continues, fournies même à un terrain ayant habitation, ne rempliront pas *les conditions et qualités exigées pour l'eau potable.*

— Ah! certainement, lorsque, par la construction de quelque barrage, on nous donnera pour l'arrosage à mode continu une eau rendue trouble et terreuse par les pluies d'orage ou provenant, pendant les grandes chaleurs de l'été, d'une masse stagnante, croupissante, échauffée, on ne fera pas un grand sacrifice en abaissant de 20 francs le prix par concession : cette eau d'arrosage sera payée encore à un prix énorme.

Le seul avantage de ces eaux dites d'arrosage à mode continu, c'est qu'elles pourront être portées, dit le traité, dans une zône comprise entre 80 et 120 mètres d'altitude ; mais cela n'en diminuera pas le prix et, naturellement, plus le preneur d'une concession se trouvera éloigné de la canalisation principale, plus les frais de l'établissement de sa conduite particulière seront élevés.

Quant à user de telles eaux pour actionner un moulin, une usine quelconque, il n'y faut pas songer. Quelles dépenses en immenses réservoirs de retenue et en achat d'eau ne faudrait-il pas faire pour avoir un courant ou une chute suffisants ! Nous avions de l'eau industrielle avec de fortes chutes actionnant de nombreuses usines. Tout cela va disparaître avec l'assèchement du Béal. De là une autre infériorité immédiate pour le terroir de Toulon.

En somme, cet arrosage dit à eau continue, nous paraît être tout simplement la faculté donnée à la Compagnie concessionnaire de nous vendre au même prix que l'eau potable ou, tout au moins, à un prix très onéreux, de l'eau n'ayant pas *les conditions et qualités de l'eau potable*, soit qu'elle provienne de source, soit qu'elle provienne de la mare impure de quelque barrage.

Le chapitre III du Traité est bien relatif à l'eau d'irrigation et à l'emploi de cette eau pour l'actionnement d'usines hydrauliques; mais hélas! le premier article de ce chapitre (article 38 du Traité) est rédigé de manière à ce que la Compagnie concessionnaire pourra renvoyer aux calendes grecques la construction d'un canal d'irrigation. Compter sur un tel canal, c'est de l'illusion pure. Nous y reviendrons plus loin.

Pour le moment, nous allons examiner, documents officiels à la main, une des plus funestes conséquences de la manière dont le régime de nos eaux a été modifié, car en cette affaire les agissements de notre Municipalité ont, entr'autres résultats, celui-ci :

Les possesseurs du Ragas, empêchés jusqu'à ce jour de s'emparer des eaux de la vallée haute de Dardennes, vont pouvoir soutirer, à leur profit et sans périls et risques, ces eaux qui, toutes, depuis des siècles, ont, en émergeant de La Foux et des sources voisines, en coulant dans la rivière de Dardennes et en se rassemblant dans le béal, formé un bien appartenant à l'universalité des habitants de Toulon; et ces eaux, notre bien inaliénable, vont en partie nous être vendues à beaux deniers comptants pendant 63 ans par des spéculateurs et en partie être conduites à *perpétuité* hors de notre terroir; tout cela avec le consentement donné par notre Municipalité suivant acte public!

Oui, de par le libre et volontaire consentement de notre Municipalité, des eaux dont nous avons toujours joui, qui étaient, devaient et pouvaient rester notre propriété inaliénable, qui arrosaient une partie de notre terroir, alimentaient nos industries locales, payaient des redevances à la caisse municipale, contribuaient au nettoiement et à la salubrité de notre ville et qui, même employées d'une autre manière, auraient pu servir à satisfaire un plus grand nombre de Toulonnais, ces eaux iront désormais à *perpétuité* dans le terroir de La Seyne sans que plus rien ne puisse, ni dans le présent ni dans l'avenir, s'y opposer. Or, nous ne sachions pas que M. le Maire Dutasta soit notre Maire, pour faire à notre détriment, les affaires de La Seyne et nous ne croyons pas que nos Conseillers municipaux aient été élus tout exprès pour dépouiller Toulon au profit de notre voisine.

Il est impossible à nos Conseillers municipaux de nier que, dans cette circonstance ils n'ont pas efficacement travaillé pour la commune, de La Seyne, à l'irréparable préjudice de la commune de Toulon, car ils ont, en novembre 1880, laissé insérer dans le cahier des charges les articles 11 et 16 disant que « la Compagnie concessionnaire devrait s'engager à « avoir, à une altitude indiquée, la quantité d'eau nécessaire « aux villes et habitants des communes de Toulon et de La « Seyne, et que la quantité d'eau potable dont devra disposer « cette Compagnie sera au minimum de 16,400 mètres cubes « par 24 heures, représentant un volume de 200 litres par « habitant et par jour, en comptant sur une population de « 82,200 habitants pour les deux communes de Toulon et de « La Seyne. »

Soit donc 14,000 mètres cubes pour Toulon qui, au dire de ces Messieurs de la Mairie, a 70,000 habitants, et 2,440 mètres cubes pour les 12,200 habitants de la commune de La Seyne !

L'article 89 du cahier des charges est aussi explicite que les articles 11 et 16.

Il est impossible aussi à nos Conseillers municipaux de nier qu'ils aient su que ces 2,440 mètres cubes d'eau pour La Seyne seraient pris dans les eaux dont la ville de Toulon

2

avait joui jusqu'alors. M. le Maire Dutasta et M. Gaune,
tant dans des communications antérieures que dans les arguments produits par eux pour entrainer la majorité du
Conseil à adopter les susdits articles 11 et 16, n'ont pas
manqué de faire connaitre qu'il s'agissait bien des eaux du
Ragas (ou soit de La Foux!) Il est curieux et instructif de
citer ces arguments et pour cela nous n'avons qu'à copier
textuellement dans le Bulletin officiel des séances du Conseil
municipal, n° 15, du 1er au 15 novembre 1880, séances des
10 et 12 novembre, les passages suivants :

— Page 419. « M. BEAUVAIS demande que toutes les eaux
« provenant de nos sources soient distribuées à Toulon.

« M. LE MAIRE répond que la ville de Toulon a un grand
« intérêt à traiter la question des eaux en tenant compte des
« intérêts de La Seyne.

— Pages 421-422-423. « M. GUIOL, sur l'article 11, de-
« mande que le Conseil municipal s'occupe moins, dans ce
« cahier des charges, des intérêts de la ville de La Seyne et
« songe d'abord à s'assurer la plus grande quantité d'eau
« possible.

« M. LE MAIRE dit : C'est revenir sur une question tranchée
« et qui, d'ailleurs, n'est plus discutable aujourd'hui. La
« ville de La Seyne possède un traité avec la Compagnie du
« Ragas qui la rend propriétaire d'une partie de ces eaux.
« Il n'est pas possible de faire comme si ce traité n'existait
« pas et l'imprévoyance des administrations passées devrait
« nous mettre en garde contre de nouveaux entrainements.
« Toutes les formalités administratives nécessaires ont été
« remplies par la ville de La Seyne. Une seule chose lui
« manque, c'est le décret d'utilité publique qui lui permettrait
« de faire passer les eaux du Ragas sur le territoire de la
« commune de Toulon. Elle pourrait l'obtenir si la ville de
« Toulon, par ses décisions, ne prouve qu'elle peut fournir
« de l'eau à La Seyne et qu'elle est prête à le faire. Le
« meilleur moyen et peut-être le seul de détourner le danger
« qui menace Toulon est d'aviser aux moyens de créer en
« eaux potables et d'arrosage, des ressources suffisantes pour

« satisfaire en même temps les besoins de Toulon et ceux de
« La Seyne. »

» — M. BEAUVAIS demande que l'eau du Ragas, seule, soit
« concédée à La Seyne et que Toulon conserve pour elle
« les eaux qu'elle possède aujourd'hui.

« — M. GAUNE dit qu'en insérant dans le cahier des charges
« la clause que repousse M. GUIOL, la Commission n'a fait
« que mettre à exécution une des décisions du Conseil et
« demande à M. le Maire de lire au Conseil les délibérations
« qui ont été prises à ce sujet.

» M. LE MAIRE donne lecture des deux délibérations prises
« à cette occasion.

« — M. LAVÈNE dit que si Toulon ne doit pas avoir
« assez d'eau pour ses besoins, il doit encore moins en of-
« frir à La Seyne.

« — M. LAVÈNE demande si la commune de La Seyne a
« accepté le cahier des charges que discute en ce moment
« le Conseil municipal.

« — M. GAUNE répond que le Conseil municipal n'a pas
« à soumettre ses délibérations à celui de La Seyne, il vote
« ce qu'il croit être l'intérêt de Toulon, en même temps que
« celui de La Seyne, laissant à cette dernière le soin de
« prendre telle décision qu'elle jugera convenable. »

On croit rêver en lisant de telles choses, en lisant ces
plaidoyers du Maire et de M. le conseiller Gaune, en faveur
de La Seyne et des possesseurs du Ragas contre les intérêts
des Toulonnais!

On croit rêver en voyant la docilité avec laquelle la majorité du Conseil accepte de tels arguments!

Mais s'il a été aussi facile à MM. DUTASTA et GAUNE de
fermer la bouche à MM. BEAUVAIS, GUIOL et LAVÈNE qui
avaient un retour de bon sens, c'est que ces Messieurs avaient
oublié qu'antérieurement on avait fait prendre au Conseil
et à l'unanimité des engagements en faveur de La Seyne,
et c'est pourquoi M. le Maire Dutasta a donné lecture de
deux délibérations antérieures dont le bulletin ne rappelle

ni la date ni l'objet; mais nous ne ferons pas erreur en disant que l'une de ces délibérations est à la date du 5 novembre 1879.

En effet, le 5 novembre 1879, M. Gaune, agissant comme rapporteur de la Commission des grands travaux, présentait au Conseil municipal un long Rapport contenant le procès-verbal de la séance de cette Commission, du 29 septembre 1879, séance à laquelle étaient présents MM. Duthoit, Lavène, Derbès, Taradel, Michel, Gaune et Guiol.

Plusieurs passages de ce rapport sont excellents à rappeler :

« La Commission des grands travaux a consacré un grand
« nombre de ses séances aux différentes propositions qui
« lui ont été soumises, relatives à l'importante question des
« eaux.

« Au milieu de son travail, elle a été surprise par l'an-
« nonce du traité que la Compagnie du Ragas venait de
« conclure avec la ville de La Seyne pour lui fournir un
« volume de 10 litres d'eau par seconde.

« Après avoir examiné la nouvelle situation faite à la ville
« de Toulon par ce traité, la Commission des grands tra-
« vaux vous a présenté un Rapport, que vous avez approuvé
« le 1er août 1879, invitant l'administration municipale à
« s'opposer par tous les moyens en son pouvoir à l'appro-
« bation de ce traité. »

À la suite de cet exposé, rappelant l'opposition faite le 1er août 1879 par le Conseil à ce que 10 litres d'eau par seconde, ou soit environ 800 mètres cubes fussent cédés par la Compagnie du Ragas à la ville de La Seyne, M. Gaune dit que, d'après les explications données par l'agent des possesseurs du Ragas, ce n'est pas 800 mètres cubes d'eau seulement qui seraient conduits à La Seyne, mais 3,000 mètres cubes, et alors il ajoute :

« Vous reconnaissez, par la simple lecture des chiffres que
« ce n'est pas seulement 800 mètres cubes ou 10 litres en-

« viron par seconde que l'on distraira de la source du Ragas
« au détriment des besoins des habitants de la ville et des
« environs, mais bien 3,000 mètres cubes, c'est-à-dire, le
« tiers des 9,000 mètres cubes que peut fournir la source
« pendant l'été, d'après le représentant autorisé de la Com-
« pagnie du Ragas.

« Vous avez pu juger, messieurs et chers collègues, de la
« pénurie des eaux pendant les années qui viennent de
« s'écouler, et de la difficulté qu'il a fallu vaincre pour as-
« surer une répartition à peu près équitable du peu d'eau
« qui arrivait à Toulon.

« On vous dira que la quantité d'eau potable que vous
« avez aujourd'hui sera augmentée de toute l'eau du Ragas,
« A cela nous répondrons que l'eau potable dont nous pou-
« vons disposer est en trop petite quantité aujourd'hui et
« que cet été il a fallu mettre des robinets aux fontaines et
« supprimer une grande partie des concessions.

« Il nous faut donc de l'eau et beaucoup d'eau, non seule-
« ment pour la distribution actuelle, mais pour celle bien
« plus considérable qui se fera lorsque l'eau pourra être
« élevée jusqu'aux étages supérieurs des maisons dans la
« ville et surtout des environs où il n'y en a pas aujour-
« d'hui ; il en faudra aussi de grandes quantités pour la
« Marine, qui en réclame à cors et à cris, et il en faudra
« également pour La Seyne qui a tant souffert du manque
« d'eau l'été dernier.

« Lorsque pareil fait s'est présenté, lorsque le manque
« d'eau est arrivé au point d'être une calamité publique, nous
« croyions être les interprètes de la ville de Toulon en assu-
« rant qu'elle aurait été heureuse, l'été dernier, de céder à
« sa sœur de La Seyne une partie du peu d'eau dont elle
« a pu disposer s'il y avait eu une conduite d'ici à La Seyne.

« Nous pouvons donc affirmer que la ville de Toulon
« prendra l'engagement de céder en tout temps à la ville de
« La Seyne les 10 litres d'eau à la seconde qui lui sont né-
« cessaires pour compléter sa distribution d'eau.

« Mais s'il est admissible de distribuer 800 mètres cubes
« par jour d'une source qui en fournit 9,000 mètres cubes,
« il n'est pas permis à une ville de 70,000 habitants de se
« laisser enlever 3,000 mètres cubes par jour, soit le tiers de
« ses eaux.

« Voilà ce que la Commission ne pouvait pas vous dire
« dans son premier Rapport, mais aujourd'hui que le repré-
« sentant de la Compagnie du Ragas est venu le déclarer
« dans le sein de la Commission et que les devis des travaux
« sont établis pour le chiffre de 3,000 mètres cubes, nous
« pouvons et devons vous le signaler.

« On a dit et on vous répétera qu'une partie de ces 3,000
« mètres cubes sera distribuée sur le territoire de la commune
« de Toulon.

« A cela on peut répondre qu'il peut en être autrement si
« les habitants du territoire de La Seyne sont les premiers
« à demander des concessions sur le parcours ; concessions
« qui pourraient s'élever jusqu'à 2,200 mètres cubes ; auquel
« cas il n'en resterait pas pour le territoire de Toulon, sur
« le parcours de Toulon à La Seyne. Et cela arriverait,
« puisque *le Maire de La Seyne s'est réservé ces 2,200 mètres*
« *cubes* et tolèrerait des concessions sur le territoire de la
« commune de Toulon, tant que les concessions de La Seyne
« n'absorberaient pas ces 2,200 mètres cubes.

« Enfin, dans tous les cas, la ville et les faubourgs seraient
« privés de ces 3,000 mètres cubes, c'est-à-dire, du tiers des
« eaux du Ragas, ce qu'il n'est pas possible d'admettre. »

Les passages ci-dessus cités sont, dans le susdit Rapport,
suivis des propositions de diverses décisions à prendre par
le Conseil, parmi lesquelles celle-ci :

« La ville de Toulon s'engage, lorsqu'elle sera maitresse
« absolue de ses eaux, à céder à la ville de La Seyne, soit
« directement, soit par l'intermédiaire d'une Compagnie, les
« 10 litres d'eau par seconde, nécessaires pour compléter
« sa distribution d'eau et même davantage si nous pouvons
« avoir une plus grande quantité d'eau. »

Et le même jour, le Conseil approuve à *l'unanimité* le
Rapport et les propositions de MM. Gaune et consorts, sans
autres motifs que ceux donnés par M. Gaune, à savoir :
« Notre sœur de La Seyne veut de l'eau et Toulon n'en a
« pas assez pour ses besoins. Dépouillons donc fraternelle-
« ment Toulon et le Revest et fraternellement prenons l'en-

« gagement d'abandonner par jour et à perpétuité à La
« Seyne 800 mètres cubes et *même davantage* sur la quantité
« d'eau déjà insuffisante pour les Toulonnais. »

Puis, le 26 avril 1880, M. le Maire Dutasta donnait lecture
au Conseil municipal de l'avis qu'il adressait alors à la Commission mixte chargée d'examiner le Traité intervenu entre
la commune de La Seyne et la Compagnie du Ragas.

Cet avis officiel de M. le Maire Dutasta est la condamnation
de tous les faits qui ont suivi; il est la condamnation, sans
circonstances atténuantes, non-seulement de la convention
ultérieure passée avec La Seyne, mais encore de la plupart
des conditions du traité définitif passé avec la Compagnie
générale des eaux. Il serait édifiant d'insérer ici cet avis dans
dans toute sa teneur. Pour abréger, nous n'allons citer que
les passages suivants :

« ..... Il ne faut pas oublier que si la Compagnie du **Ragas**
« est libre de vendre l'eau qui sort de son tunnel et si, par
« conséquent, la commune de La Seyne a eu le droit de lui
« en acheter, il ne faut pas oublier, dis-je, que cette eau est
« rigoureusement la même qui, depuis des siècles, est la
« propriété de la ville en tant qu'elle sort de la source de
« La Foux, et qui coule actuellement dans nos rues pour les
« besoins de l'assainissement.
« Il en résulte qu'une quantité d'eau quelconque prise au
« Ragas et concédée à La Seyne, sera, en réalité, prélevée
« sur la quantité d'eau, qui, actuellement, assure le plus
« important de tous nos services municipaux, celui de la
« salubrité.
« ..... C'est assez dire qu'en aucun cas la commune de
« Toulon ne consentira à laisser détourner sur le territoire
« d'une autre commune les 3,000 mètres cubes pour lesquels
« La Seyne a traité avec le Ragas, c'est-à-dire, un tiers en-
« viron du débit total de la source. Une pareille quantité
« d'eau ne peut être enlevée à une ville de 70,000 âmes, à
« un port militaire de l'importance de Toulon, et cela au
« profit d'une Compagnie qui, sur les 3,000 mètres en ques-

« tion en donnera 800 à La Seyne et en vendra 2,200 aux
» particuliers possédant des propriétés sur le parcours. Nous
« espérons que l'autorité supérieure, protectrice des intérêts
« des communes, ne déclarera jamais d'utilité publique une
« opération qui priverait Toulon du tiers de l'eau qu'elle
« possède et dont elle dispose depuis des siècles.

« ..... En résumé, dans l'état actuel, la ville de Toulon ne
« peut que s'opposer de toutes ses forces à ce que La Seyne
« obtienne un décret d'utilité publique, qui aurait pour ré-
« sultat de nuire à ses plus pressants intérêts. Elle ne peut,
« à plus forte raison, accorder les autorisations de passage
« indispensables, ainsi qu'il résulte des délibérations du
« 1er août et du 5 novembre ; mais en retour elle s'engage :

« 1° A traiter dans le plus bref délai possible pour s'as-
« surer la libre et entière jouissance des eaux de la vallée de
« Dardennes ;

« 2° A concéder à La Seyne la quantité d'eau nécessaire à
« ses services publics ;

« 3° A faciliter à cette commune l'exécution immédiate de
« la partie du traité la concernant, alors même que la multi-
« plicité des intérêts à concilier obligerait Toulon à différer,
« pour elle-même, le commencement des travaux. »

Et cette lecture étant faite, le Conseil déclare s'associer à
l'opinion de M. le Maire.

(Bulletin municipal n° 2, du 16 avril au 1er mai 1880, pages
63-64-65-66-67.)

Il faut donc remarquer :

1° Que le 1er août 1879 le Conseil fait d'abord une opposition complète à ce que 10 litres d'eau par seconde, ou soit
864,000 litres par 24 heures, soient livrés par la Compagnie
du Ragas à La Seyne ;

2° Qu'ensuite, le 5 novembre 1879, le Conseil, tout en re-
connaissant qu'il y a insuffisance d'eau pour Toulon, approuve,
à l'unanimité, qu'on livre 10 litres par seconde ou soit 864
mètres par jour et même davantage à La Seyne, et fait opposition seulement à ce que la quantité d'eau dont seront privés
les Toulonnais soit portée à 2,000 mètres cubes ;

3° Que le 26 avril 1880, en plein Conseil, qui approuve et adopte, M. le Maire Dutasta, lisant l'avis qu'il adresse à la Commission mixte, affirme que l'eau du Ragas est la même que celle de La Foux, que comme telle elle coule dans nos rues pour le service de la salubrité publique, que les besoins des services publics à La Seyne n'exigent que 800 mètres cubes d'eau par 24 heures et que, par conséquent, la ville de Toulon doit s'opposer de toutes ses forces à ce qu'une décla-ration d'utilité publique puisse permettre à La Seyne de recevoir une seule goutte d'eau du Ragas en plus de ces 800 mètres cubes;

4° Que, postérieurement à ces déclarations du Maire, c'est-à-dire, du 24 août au 24 septembre 1880, une enquête pu-blique est ouverte dans les communes de Toulon, du Revest et de La Seyne sur le projet destiné à amener 3,000 mètres cubes des eaux du Ragas dans la commune de La Seyne et sur la demande de La Seyne d'être autorisée à acquérir, par voie d'expropriation pour cause d'utilité publique, les terrains nécessaires à l'établissement de la conduite destinée à ces eaux ; enquête dans laquelle les Toulonnais et les Revestains ont protesté avec énergie contre toute désemparation d'eau en faveur de La Seyne, et que le 20 octobre 1880 les sept Commissaires enquêteurs, dont faisait partie M. Gaune, font leur Rapport sur les dépositions à l'enquête et, à la majorité, concluent au rejet de la demande de La Seyne en ce qui con-cerne la quantité de 3,000 mètres cubes d'eau et l'expropria-tion pour cause d'utilité publique, et concluent à l'acceptation par la ville de La Seyne des conditions qui lui sont offertes par la ville de Toulon, c'est-à-dire, à l'acceptation d'environ *800 mètres cubes seulement;*

5° Qu'enfin, les 10 et 12 novembre 1880, ce n'est plus 800 mètres cubes que par les articles 11 et 16 du cahier des charges, le Conseil municipal de Toulon livre bénévolement à La Seyne au détriment des Toulonnais, c'est 2,440 mètres cubes ou soit DEUX MILLIONS QUATRE CENT QUARANTE MILLE LITRES D'EAU POTABLE PAR 24 HEURES ET A PERPÉTUITÉ.

Et quand MM. Beauvais, Guiol et Lavène, s'y prenant un peu tard, veulent regimber, Monsieur le Maire Dutasta et Monsieur Gaune leur disent : « La question est tranchée : « du moment que le 5 novembre 1879 vous avez consenti à « priver les Toulonnais de 800 mètres cubes et *même davan-* « *tage*, d'eau potable par jour, pour les donner à *votre sœur* « de La Seyne, vous n'êtes pas fondés à refuser aujourd'hui « à cette commune 2,440 mètres cubes, quels que soient les « besoins d'eau qu'aient vos concitoyens. »

Les grands-maîtres ont parlé, le Conseil s'est incliné.

Eh bien! jusqu'à présent, lorsqu'il s'agit d'une simple concession d'eau de quelques litres, concession payante et révocable, à faire par la ville de Toulon à l'un de ses habitants, on l'annonce par des affiches et par la voie des journaux, une enquête est ouverte et chaque Toulonnais a le droit de déposer pour ou contre dans cette enquête.

Et voilà le Conseil municipal qui, par une simple délibération, alors que, moins de deux mois avant, les Toulonnais avaient énergiquement protesté contre les demandes de La Seyne, a aliéné à perpétuité, sans révocation possible, au profit de cette commune et à notre détriment, de *deux à trois mille mètres cubes d'eau potable par jour*, et cela sans aucune compensation pour nous, car nous ne sachions pas que La Seyne nous ait donné quelque chose en échange, que, par exemple, elle ait pris à sa charge soit une part, si petite qu'elle soit, de notre dette communale, soit le paiement des six mille francs par an que touche Monsieur le Maire Dutasta, etc.

Oui, la commune de La Seyne paiera chaque année, pendant 63 ans, de fortes redevances en échange de cette eau, mais elle les paiera à la Compagnie générale des eaux et non à la ville de Toulon! et au bout de 63 ans voici, chose monstrueuse, ce qui se passera, suivant ce que M. le Maire de La Seyne a fait joyeusement insérer dans le *Petit Var*, n° 615, du vendredi 2 juin 1882, en conformité de ce qui s'était passé au Conseil municipal de Toulon, dans la séance du 26 avril précédent, *(Bulletin municipal, n° 50, du 16 au 30 avril 1882)* :

« ... Quant à la convention passée avec la ville de Toulon
« et réglant dès à présent entre les deux communes les effets
« à intervenir des conventions et cahiers des charges passés
« entre la Compagnie générale des eaux et ces deux villes,
« les conditions principales sont les suivantes : à l'expira-
« tion de la concession, la commune de La Seyne deviendra
« propriétaire de la conduite d'amenée, partant du réservoir
« de départ, commun aux deux villes, même pour la partie
« de cette conduite, situé sur le territoire de la commune
« de Toulon; les frais d'entretien de cette partie de la con-
« duite restant, bien entendu, à la charge de la commune de
« La Seyne.

« Les travaux d'entretien, sauf en ce qui concerne la
« conduite d'amenée à La Seyne, à partir du réservoir de
« départ et les ouvrages devant revenir à la Commune de
« La Seyne, en vertu de son traité, seront à la charge de la
« commune de Toulon, propriétaire des eaux.

« A l'expiration de la concession, ainsi qu'à l'époque, le cas
« échéant, où la ville de Toulon viendrait à racheter la dite
« concession, la ville de Toulon fournira à celle de La Seyne
« et au réservoir de départ, la quantité d'eau dont celle-ci
« jouira à ce moment, aussi bien pour les services publics que
« pour les services des particuliers, et ce, gratuitement pour
« les 750 mètres cubes pour les services publics, le surplus
« devant être payé par La Seyne à Toulon, à moitié prix du
« tarif en vigueur.

« Cette convention n'ayant d'effet qu'à l'égard des eaux
« fournies à la commune de La Seyne par celle de Toulon
« substituée à la Compagnie générale des eaux, à l'expira-
« tion du traité avec cette Compagnie ou dans le cas de
« rachat par la ville de Toulon, la commune de La Seyne

« n'aura aucune redevance à payer, ni aucune convention à
» faire avec la commune de Toulon pour les eaux qui pour-
« raient ultérieurement lui être fournies ou lui appartenir en
« dehors des eaux sus-énoncées. »

Peut-on voir quelque chose de plus navrant pour les intérêts de Toulon que ces agissements de notre Municipalité en
faveur de la commune de La Seyne, à laquelle on livre non-
seulement 750 mètres cubes pour les services publics (ce qui,
à la rigueur, pourrait être explicable et ce qui eût été, en
somme, la seule chose pour laquelle l'autorité supérieure eût
pu user de sa puissante intervention), mais de plus 1,690
mètres cubes, ou soit *un million six cent quatre-vingt-dix
mille litres d'eau potable par 24 heures* pour le service des
particuliers, alors qu'à Toulon nous en serons réduits à n'avoir
plus que des fontaines intermittentes auxquelles nous ne
pourrons puiser qu'avec un récipient de 12 litres, et alors que
dans les années de grande sécheresse nous serons mis à la
ration d'eau comme sur un radeau de naufragés ou comme
dans une ville assiégée !

Et cette servitude dont va être frappé à perpétuité le terroir
de Toulon, terroir sur lequel La Seyne possédera sa conduite
d'amenée !

Et cette obligation *perpétuelle* pour la ville de Toulon,
lorsque son traité avec la Compagnie générale des eaux sera
expiré ou racheté, d'avoir à fournir, *quand même*, à la ville
de La Seyne 750 mètres cubes d'eau pour les services publics
gratuitement et 1,690 mètres cubes pour le service des particuliers à *moitié prix du tarif en vigueur*, alors que peut-être,
par suite des besoins d'argent, des travaux de luxe et des
dettes de notre commune, les Toulonnais ne pourront jamais
jouir de cette réduction à moitié tarif !

Et cette servitude de livrer *en un point fixe* 2,440 mètres
cubes d'eau à La Seyne, servitude qui pèsera à perpétuité sur

toutes les transactions, sur tous les aménagements en matière
d'eau que voudra faire la ville de Toulon !

Et cette servitude onéreuse pour les finances de la ville de
Toulon d'avoir à pourvoir *seule* à l'entretien des réservoirs
de départ et des pompes d'aspiration et de refoulement,
conduites, barrages, etc.; qui aurait à fournir l'eau à ces
réservoirs lorsque sera venu le jour où La Seyne tirera de ses
réservoirs 750 mètres cubes *gratuits* et 1,690 mètres cubes à
moitié prix du tarif !

Et cette précaution de la ville de La Seyne de prévoir
qu'elle pourra tirer ultérieurement du terroir de Toulon
d'autres eaux pour lesquelles elle n'aura ni redevances à
payer à la ville de Toulon, ni convention à passer avec elle !

C'est inouï.

Quel métal assez précieux, quelle pierre assez rare les habitants de La Seyne pourront-ils donc trouver pour élever des
statues à MM. Dutasta, Gaune et consorts. Il n'existe au
monde ni bronze assez durable, ni marbre assez blanc.

Les arguments de M. le Maire pour faire consentir le
Conseil municipal à insérer dans le cahier des charges, en
novembre 1880, les articles 11 et 16, se sont résumés en
ceci :

« La Seyne a passé un traité avec la Compagnie du Ragas
« pour acheter à cette Compagnie une partie de ses eaux; La
« Seyne a rempli certaines formalités administratives, mais
« il lui manque le décret d'expropriation pour cause d'utilité
« publique pour que son traité avec la Compagnie soit exé-
« cutable; ce décret, La Seyne pourrait l'obtenir, si la ville
« de Toulon, par ses décisions, ne prouve pas qu'elle peut
« fournir de l'eau à La Seyne. »

Eh bien ! à ce moment-là, La Seyne n'avait point obtenu
ce décret; elle avait contre elle les déclarations énergiques des
Toulonnais et des Revestains protestant, dans l'enquête ou-

verte du 24 août au 24 septembre 1880, contre toute dérivation de leurs eaux dans le terroir de La Seyne ; elle avait
contre elle le Rapport des Commissaires enquêteurs qui, le
20 octobre 1880, avaient, à la majorité, conclu au rejet de la
demande d'expropriation pour cause d'utilité publique faite
par la commune de La Seyne pour conduire dans son terroir
environ 3,000 mètres cubes d'eau, et avaient conclu aussi à ce
que toute cession d'eau fût limitée à 800 mètres cubes ; rien
n'affirmait que les oppositions des Toulonnais et des Revestains et les conclusions du Rapport des Commissaires enquêteurs ne seraient pas adoptées par les autorités supérieures
décidant en dernier ressort ; il convenait, d'ailleurs, d'attendre que ces autorités supérieures eussent fait connaitre
leur décision, afin, le cas échéant, de ne se laisser dépouiller
en faveur de La Seyne que contraint et forcé et après avoir
épuisé tous les moyens de résistance : et, pourtant, voilà que
M. le Maire Dutasta, aidé de M. le conseiller Gaune, ne tient
nul compte des vœux des Toulonnais et du Rapport des
Commissaires enquêteurs et se hâte de faire consentir ses
bénévoles conseillers à ce qu'il y ait pour condition essentielle
et formelle dans le cahier des charges que la future Compagnie concessionnaire devra s'engager envers la ville de Toulon
à désemparer en faveur de La Seyne non plus seulement
800 mètres cubes, mais 2,440 mètres cubes d'eau potable !

*Après l'insertion de cette condition peu importait à La
Seyne que sa demande d'expropriation pour cause d'utilité
publique fût admise ou fût repoussée : L'eau du Ragas était
à elle désormais. Notre Municipalité la lui donnait et, par
conséquent, lui donnait implicitement et logiquement les
moyens de la faire arriver à destination. M. le Maire Dutasta
qui, de son métier, est professeur de logique, ne pourra le
nier.*

Le devoir absolu du Maire de Toulon, ce premier gardien

de nos droits et de nos intérêts, était d'attendre, *avant de livrer un seul litre de notre eau*, que les autorités supérieures eussent prononcé sur la demande de La Seyne et de faire tous ses efforts pour que cette demande fût repoussée. **Et** lui, M. Gaune, et les autres conseillers municipaux sont inexcusables de n'avoir pas attendu, puisque les autorités supérieures ont, en effet, repoussé la demande de La Seyne et donné raison aux oppositions des Toulonnais.

Qu'on lise le Bulletin officiel du Conseil municipal de Toulon, nº 41, du 1ᵉʳ au 15 décembre 1881, séance du 2 décembre, page 437 :

— « Monsieur le Maire fait au Conseil les communications « suivantes :

« 1º. . . . .
« 2º *Lettre de M. le Ministre de l'intérieur informant le* « *Maire que le décret d'utilité publique est refusé à la ville de* « *La Seyne, pour le passage des eaux du Ragas à travers le* » *territoire de Toulon.* »

Et le bulletin n'insère pas la teneur de cette lettre si importante de M. le Ministre de l'intérieur !

Mais dans le *Petit Var*, nº du 6 décembre 1881, cette lettre ministérielle a été insérée.

Qu'on lise cette lettre et qu'on juge !

. . . .

« La Commission, à la majorité des voix,
« Vu l'arrêté de la Cour de cassation, en date du 28 mai « 1872, déclarant la Compagnie du Ragas légitime proprié- « taire des eaux de cette source et déboutant la ville de Toulon « de ses prétentions à empêcher cette Compagnie d'user de « ses eaux comme elle l'entend ;
« Mais attendu que si, par suite de cet arrêté, la propriété « des eaux du Ragas appartient incontestablement à la Compa- « gnie et que si l'on ne peut empêcher que par l'expropriation

« pour cause d'utilité publique l'usage que cette Compagnie
« a le droit de faire de sa propriété, il est du devoir de l'ad-
« ministration de refuser les autorisations nécessaires pour
« que ce droit soit étendu dans une mesure dans laquelle
« il porterait préjudice aux intérêts généraux qu'elle est
« chargée de sauvegarder ;

« Considérant qu'il est établi que la ville de Toulon est
« insuffisamment alimentée en eau et qu'il y a lieu de croire
« que ce détournement d'une quantité plus ou moins grande
« de l'eau du Ragas ne pourrait se faire qu'aux dépens de
« celle qui sert à la consommation de cette ville et qui est
« employée aux besoins des services de la Guerre et de la
« Marine, comme à ceux des habitants ;

« Que si, d'ailleurs, on ne peut nier qu'il y ait utilité pour
« la ville de La Seyne à jouir d'un volume d'eau plus consi-
« dérable que celui dont elle dispose actuellement, il est
« néanmoins certain qu'il ne saurait y avoir utilité publique
« à priver la ville de Toulon d'une partie de l'eau qu'elle reçoit
« depuis des siècles, *qu'il y a seulement là les éléments d'une*
« *transaction amiable* entre les villes de Toulon et de La
« Seyne et la Compagnie du Ragas, transaction dans laquelle
« l'administration supérieure n'a pas à intervenir.

« Est d'avis,

« qu'il n'y a pas lieu de déclarer d'utilité publique les travaux
« nécessaires pour la construction d'une conduite destinée à
« permettre l'écoulement de tout ou partie des eaux de la
« source du Ragas, en vue de l'alimentation de la ville de La
« Seyne.

« J'adopte ces conclusions auxquelles MM. les ministres de
« la Guerre et de la Marine ont également donné leur appro-
« bation.

« Je ne puis en conséquence que vous renvoyer le dossier
« de l'affaire en appelant particulièrement votre attention sur
« la phrase soulignée du dernier considérant reproduit plus
« haut, et en vous invitant à donner connaissance aux parties
« intéressées de l'avis de la Commission des Travaux publics,
« et des motifs sur lesquels il est basé.

« Recevez, etc. »

Ainsi donc la Commission des Travaux publics appelée,

après l'enquête, à donner son avis sur la demande de La Seyne, disait :

1° Qu'il était du devoir de l'administration de refuser des autorisations portant préjudice aux intérêts généraux ;

2° Que la ville de Toulon étant insuffisamment alimentée en eau, il y avait lieu de croire qu'un détournement d'une quantité *quelconque* de l'eau du Ragas ne pourrait se faire qu'aux dépens de l'eau nécessaire aux services de la Guerre, de la Marine et des habitants ;

3° Qu'il ne saurait y avoir utilité publique à priver la ville de Toulon d'une partie de l'eau qu'elle reçoit depuis des siècles, qu'il y avait *seulement* là les éléments d'une transaction *amiable* entre les parties intéressées sans intervention de l'autorité supérieure ;

4° Que, partant, il n'y avait pas lieu d'accorder à La Seyne la déclaration d'utilité publique demandée par cette ville.

Et MM. les Ministres de l'Intérieur, de la Guerre et de la Marine ont adopté les conclusions de la Commission des Travaux publics !

Donc rien, rien, rien n'a jamais forcé notre Municipalité à dépouiller les Toulonnais en faveur de La Seyne, à les dépouiller de la quantité d'eau potable nécessaire à la consommation de 12,200 habitants.

Notre Municipalité, son Maire en tête, a donc accompli cette œuvre néfaste de son plein gré, volontairement, *amiablement*, et malgré l'avis contraire énergiquement manifesté par la population dans l'enquête publique ouverte du 24 août au 24 septembre 1880.

Mais ce qui est le comble du pufflisme, c'est que le *Petit Var*, journal de M. Dutasta, Maire de Toulon, fait, dans son n° précité du 6 décembre 1881, précéder et suivre l'insertion de la susdite lettre ministérielle de réflexions que nous devons reproduire, car elles sont souverainement instructives :

« Le Conseil municipal s'efforce de créer dans notre ville
« de nouvelles ressources en eau potable et d'arrosage. C'est
« fort bien, mais il y avait encore quelque chose de plus
« urgent, c'était de ne pas nous laisser enlever l'eau dont
« nous jouissons actuellement.

« Or, la ville a été un instant menacée de perdre environ
« le tiers de l'eau qui sert depuis des siècles à son assainis-
« sement et qui contribue, indirectement, à son alimentation.

« Nous avons déjà eu occasion de parler dans ce journal
» du traité passé entre la commune de La Seyne et la Com-
« pagnie du Ragas. Cette affaire vient d'avoir son dénoue-
« ment et voici la teneur de la lettre que M. le Ministre de
« l'Intérieur a adressée au Préfet du Var, et dont le Maire a
« donné connaissance au Conseil municipal dans la dernière
« séance. »

Ici le *Petit Var* insère la lettre ministérielle ci-dessus re-
produite et, après cette insertion, il ajoute :

« Ainsi se trouvent détournées les déplorables consé-
« quences que devait avoir pour notre ville le traité passé
« entre la commune de La Seyne et la Compagnie du Ragas.
« Cet heureux résultat, qui est un véritable succès pour
« notre ville, est dû à la prudente et ferme direction donnée
« à cette affaire par la Municipalité, par la Commission des
« Eaux, par la Commission d'enquête. Mais, hâtons-nous de
« le dire, le sympathique concours de la Marine qui n'a pas
« voulu séparer ses intérêts de ceux de Toulon, nous a été
« d'un puissant secours ; ajoutons que l'administration de la
« Guerre a également appuyé les justes réclamations de notre
« ville.

« Nous adressons nos félicitations à tous ceux qui ont
« concouru à l'heureuse solution de cette délicate affaire et
« nous espérons que la ville de La Seyne elle-même n'aura
« rien à regretter, puisque Toulon n'a cessé de lui offrir et
« lui offre encore un arrangement amiable sauvegardant les
« intérêts de tous. »

Peut-on lire quelque chose de plus audacieux, pour ne pas
dire un mot plus vrai, que cet article du journal de M. le Maire
Dutasta, article publié le *6 décembre 1881 !*

Pendant que la Commission des Travaux publics étudiait l'affaire et émettait son avis et tandis que M. le Ministre de l'Intérieur faisait communiquer, en l'approuvant, cet avis à M. le Maire de Toulon, il y avait *près de cinq mois déjà* que notre Municipalité avait définitivement livré à perpétuité à la ville de La Seyne *deux millions quatre cent quarante mille litres par 24 heures* de cette eau que la Commission des Travaux publics et MM. les Ministres de l'Intérieur, de la Guerre et de la Marine trouvaient si indispensable pour Toulon qu'ils refusaient d'en laisser détourner une quantité plus ou moins grande par une déclaration d'utilité publique, et qu'ils se bornaient à dire qu'il y avait *seulement* dans cette affaire les éléments d'une transaction *amiable dans laquelle l'administration supérieure n'avait pas à intervenir.*

Oui, il y avait déjà bien longtemps que notre Municipalité avait irrévocablement décidé qu'elle livrerait à La Seyne, au préjudice des Toulonnais, 2,440 mètres cubes d'eau potable au lieu de 800, en insérant cette décision dans le cahier des charges à exécuter par la future Compagnie concessionnaire; et il y avait longtemps aussi qu'elle avait rendu cette décision *perpétuellement* exécutoire, en acceptant les propositions d'un soumissionnaire qui s'engageait à remplir les conditions du cahier des charges relatives à la ville de La Seyne.

En effet, voici la marche chronologique suivie par cette affaire, car les dates ont ici une importance extrême :

Le 1er août 1879, notre Conseil municipal décide de ne pas accorder une goutte de notre eau à La Seyne ;

Le 5 novembre 1879, se déjugeant, il déclare à l'unanimité, que l'eau est insuffisante à Toulon, mais qu'il est bon de priver les habitants du Revest et de Toulon de 800 mètres cubes d'eau potable par 24 heures et de les livrer à La Seyne ;

En avril 1880, M. le Maire Dutasta, faisant à l'égard de La Seyne de la fraternité à nos dépens, est d'avis qu'il faut livrer à La Seyne les 800 mètres cubes d'eau nécessaires aux services publics ; mais que livrer un litre de plus serait porter un grave préjudice à une ville de 70,000 habitants ;

En novembre 1880, malgré les dépositions faites par les Toulonnais dans l'enquête deux mois auparavant, et malgré le Rapport des Commissaires-enquêteurs, notre Municipalité, se déjugeant de nouveau, obtempère aux nouvelles injonctions de M. le Maire Dutasta et de M. le conseiller Gaune, et insère dans le cahier des charges que la future Compagnie concessionnaire devra livrer à La Seyne non plus 800 mètres cubes d'eau, mais 2,440 mètres cubes, afin que non-seulement les services publics de La Seyne soient assurés, mais encore que les particuliers de cette commune aient largement à boire pendant qu'une partie des Toulonnais aura soif ;

Le 5 janvier 1881, M. le Préfet du Var approuve le cahier des charges avec ses articles 11, 16 et 89 de néfaste mémoire ;

Le 24 janvier 1881, des affiches et des insertions dans les journaux annoncent au public que le cahier des charges est déposé au secrétariat de la Mairie de Toulon, disent que toutes les personnes ou Compagnies qui désireront traiter avec la Ville pourront en prendre connaissance et ajoutent que la Ville traitera avec celui des concurrents qui, en faisant à la Ville les meilleurs avantages, se rapprochera le plus des conditions posées dans le cahier des charges ;

Le 24 juillet 1881, après l'expiration du délai indiqué par les susdites affiches, les soumissions de deux concurrents, MM. Devilliers et Martini, sont ouvertes par le Conseil municipal ;

Le 18 octobre 1881, M. le conseiller Gaune propose au Conseil, au nom de la Commission des Eaux, de traiter avec M. Martini ;

Le 12 décembre 1881, M. Martini est déclaré concession-

naire provisoire, s'étant réservé de se substituer une Société
d'exploitation ; M. Martini s'engageait avant tout, conformément au cahier des charges, à dériver de *la rivière de Dardennes* (lisez le Ragas ou soit La Foux) une quantité d'eau
potable capable de desservir les communes de Toulon et de
La Seyne sur la base de *200 litres par jour et par habitant.*
Or, nous l'avons vu plus haut, La Seyne est comptée pour
12,200 habitants !

Et pendant ce temps-là la Commission des Travaux publics
à Paris donnait un avis défavorable aux exigences de La
Seyne ; MM. les Ministres de l'Intérieur, de la Guerre et de
la Marine adoptaient cet avis et M. le Ministre de l'Intérieur
prenait la peine d'en informer, par la voie préfectorale, M. le
Maire de Toulon ; mais, qu'on nous pardonne cette expression
vulgaire, cette lettre ministérielle arrivait comme la moutarde
après le dîner, car déjà, agissant *fraternellement* et *amiablement* envers La Seyne, notre Municipalité avait traité les habitants du Revest et de Toulon à peu près comme Caïn a
traité son frère Abel.

Ce qui n'a point empêché le *Petit Var*, ce journal de M. le
Maire Dutasta, de se livrer, le 6 décembre 1881, à la joie la
plus vive et de lancer des félicitations dithyrambiques à tort
et à travers, disant *que la ville de Toulon a été un instant
menacée de perdre le tiers de ses eaux, mais que désormais
se trouvent détournées les déplorables conséquences que devait
avoir pour notre ville le traité passé entre la ville de La Seyne
et la Compagnie du Ragas !*

C'était l'inverse qui était vrai ; c'était à la ville de La Seyne
de se réjouir bruyamment, car plus que jamais les Toulonnais allaient subir *les déplorables conséquences* du traité
passé entre la Compagnie du Ragas et la ville de La Seyne.

Est-ce que le refus de la déclaration d'utilité publique

devait empêcher l'eau du Ragas, cette eau si nécessaire aux Toulonnais, d'aller à La Seyne?

— Nullement.

Du moment que la ville de Toulon, en novembre 1880, avait mis dans son cahier des charges que la Compagnie concessionnaire aurait à livrer à La Seyne 200 litres d'eau potable par jour et par habitant ;

Que, par suite, elle avait implicitement consenti aux moyens d'exécution de cette clause ;

Que M. le Préfet du Var avait approuvé cette clause ;

Que le cahier des charges ayant été rendu public, on avait fait appel à la concurrence ;

Qu'en juillet 1881 le concessionnaire avait accepté d'exécuter cette clause ;

En quoi le décret d'expropriation pour cause d'utilité publique demandé par la Seyne lui aurait-il été nécessaire?

En rien, absolument rien.

Et la preuve, c'est que, malgré l'absence de tout décret, le concessionnaire s'est engagé, dès juillet 1881, à conduire l'eau à La Seyne. Il lui a suffi pour cela que dans le cahier des charges notre Municipalité eût inséré les articles 11, 16 et 89. Les moyens d'exécution ne lui manquaient pas, notre Municipalité les lui ayant implicitement fournis.

En effet, les confins du terroir de La Seyne sont très proches. Jusqu'à ces confins les chemins publics de la commune de Toulon sont à la libre et gratuite disposition de la Compagnie concessionnaire pour le passage de la canalisation nécessaire à la distribution de l'eau (voir l'article 7 du cahier des charges et l'article 4 à la page 6 du Traité). Voilà donc un premier moyen très simple de conduire de l'eau jusqu'à la rencontre du terroir de La Seyne, tout en distribuant sur le parcours des concessions contre argent. — Et voici un deuxième moyen : il suffit qu'en un seul point du terroir de

Toulon, point limitrophe avec le terroir de La Seyne, la Compagnie ait une distribution d'eau à faire pour que la ville de Toulon, si quelques particuliers ne consentaient pas amiablement au passage, *soit obligée* de demander, en faveur de la Compagnie, l'expropriation pour cause d'utilité publique des terrains nécessaires au passage de la canalisation (article 8 du cahier des charges; article 4, page 4 du Traité). — A partir de ce point limitrophe la commune de La Seyne étant chez elle, sera libre d'obtenir la déclaration d'utilité publique pour la continuation de cette canalisation, si quelque particulier de son terroir faisait opposition au passage.

En accordant, au contraire, à La Seyne le décret d'utilité publique qui lui a été refusé en 1881, l'autorité supérieure aurait sans doute limité la quantité d'eau livrable à La Seyne, aux 750 ou 800 mètres cubes nécessaires aux services publics de cette commune, n'admettant pas que jusqu'en 1881 les particuliers de toute cette commune n'avaient pas eu d'eau à boire, et ne voulant pas porter à l'extrême le préjudice imposé aux Toulonnais.

Tandis que le refus de déclaration d'utilité publique a laissé toute latitude à la Municipalité de Toulon de passer avec *sa sœur* de La Seyne, cette fameuse convention *amiable* qui, de même que les articles 11, 16 et 89 du cahier des charges, et l'article 79 du Traité, livre aux habitants de cette commune *proportionnellement* autant d'eau qu'à la population Toulonnaise (200 litres par habitant), *de sorte que La Seyne a de plus toute l'eau qu'elle possédait en propre auparavant!*

Que tout passage pour la conduite destinée à La Seyne soit refusé dans les chemins et terrains publics et militaires de Toulon; qu'aucune expropriation de terrains ne soit demandée par la ville de Toulon, en faveur de la Compagnie concessionnaire, dans les terroirs du Revest et de Toulon, pour toute conduite qui, en distribuant de l'eau aux habitants de ces terroirs, porterait aussi de l'eau dans le terroir de La Seyne, et alors le refus opposé à la déclaration d'utilité publique demandée par La Seyne aura un résultat efficace pour nous. Mais la fameuse convention *amiable* et *fraternelle* passée avec la Seyne et le traité passé avec la Compagnie générale des eaux sont là et nous n'avons rien gagné, nous avons tout perdu, au contraire, au refus que La Seyne n'a subi qu'en apparence.

Vous êtes donc autorisés, ô bonasses Toulonnais, à considérer comme une mystification tout le tapage soulevé à propos du refus opposé à cette demande.

On a voulu et bien voulu donner à La Seyne non seulement l'eau nécessaire à ses services publics, mais encore l'eau agréable à ses particuliers ; on l'a voulu dès avant le mois de novembre 1879, et dès le mois de novembre 1880, cela a été, on peut le dire, un fait accompli par notre Municipalité, un fait contre lequel plus rien n'a prévalu.

Et cependant les 2,440 mètres cubes d'eau aliénés en faveur de La Seyne représentent, au prix moyen de 60 francs l'un, une valeur annuelle de *cent quarante-six mille quatre cents francs* de revenu pour celui (particulier, Compagnie ou commune) qui, étant propriétaire de cette eau, la distribuerait en concessions payées au tarif adopté par le Traité, c'est-à-dire, qu'ils représentent le revenu d'un capital de trois millions au minimum. C'est donc une perte d'autant que va faire annuellement notre commune pendant 63 ans, tandis que la Compagnie générale en bénéficiera, et au bout de ces 63 ans, nous savons que La Seyne ne paiera à la ville de Toulon aucune redevance pour 750 mètres cubes et seulement une moitié de redevance pour le surplus.

Mais l'eau, soit qu'elle soit concédée contre des redevances en argent, soit qu'elle soit appliquée à des usages publics et gratuits, a une bien autre valeur que celle représentée par son produit en redevances : Elle est, en effet, pour les uns un objet de grand agrément, pour d'autres un instrument de travail et de production, pour tous un élément d'hygiène privée et publique, une chose nécessaire et d'autant plus agréable ou utile qu'elle est plus abondante et qu'elle est ou gratuite, ou, au moins, à bon marché.

Donc, *deux millions quatre cent quarante mille litres d'eau potable*, d'eau de première qualité, en partie concédés à des particuliers contre argent, en partie employés à des usages publics et gratuits, auraient dû être précieusement conservés dans notre commune pour nous autres Toulonnais, qui, notre Municipalité même l'a sans cesse répété, avons de l'eau en quantité insuffisante et qui n'allons pas en avoir un litre de plus qu'anciennement, car nos eaux anciennes ne vont pas être augmentées, elles vont être distribuées et employées autrement, voilà tout, et les eaux envoyées à La Seyne ne seront remplacées par aucune autre eau.

Ces 2,440,000 litres d'eau n'étaient pas un de ces biens communaux que les municipalités ont la faculté d'aliéner pour en dépenser bien ou mal le produit de vente ; ils faisaient partie, nous l'avons déjà dit, d'un domaine appartenant, non pas à la commune, mais à l'universalité des habitants et *comme tel inaliénable*.

Qu'on ne nous oppose pas que ces eaux appartiennent à la Compagnie du Ragas et que cette Compagnie a eu le droit de les vendre à La Seyne qui avait le droit de les acheter.

Que les possesseurs du Ragas fussent propriétaires des eaux existant dans leur propriété, c'est la vérité, et il y a chose jugée ; qu'ils aient eu le droit d'élever les eaux de leur sous-sol et de les utiliser sur leur sol, c'est incontestable ; mais nous ne pouvons admettre que parce qu'ils possédaient une surface de terrain trop petite pour la quantité d'eau qu'ils pouvaient utiliser sur place, ils aient acquis par cela le droit, en voulant dériver et conduire cette eau hors de leur propriété, de faire déclarer cette dérivation d'eau, chose d'utilité publique, au détriment des communes de Toulon et du Revest pour lesquelles cette eau, *une fois laissée ou rendue à son cours naturel*, était, aussi bien et même mieux et plus anciennement que pour La Seyne, chose d'utilité publique.

Il y avait là opposition d'utilité publique à utilité publique et l'administration supérieure l'a si bien reconnu que, sans contester à la Compagnie du Ragas son droit de propriété et son droit de disposer de sa propriété, elle a repoussé la demande de La Seyne et dit qu'il n'y avait là que les éléments d'une transaction amiable *dans laquelle elle n'avait pas à intervenir*, et M. le Ministre de l'Intérieur n'a pu qu'appeler l'attention des parties intéressées sur une telle manière de résoudre la question et sans insister davantage. La Commission des Travaux publics, MM. les Ministres de l'Intérieur, de la Guerre et de la Marine ne pouvaient pas supposer qu'on avait ouvert une enquête publique et qu'on les avait consultés sur un fait déjà accompli ! — Quelqu'un aurait-il l'injurieuse audace de prétendre le contraire?

La commune de La Seyne n'étant pas propriétaire du Ragas et n'ayant acheté qu'une partie de l'eau contenue dans ce terrain et non le terrain lui-même, n'a pas même pu invoquer la loi Dangeville, c'est-à-dire, le droit de conduire à travers 15 kilomètres l'eau de son fonds supérieur sur son fonds inférieur.

Qu'on ne nous oppose pas non plus qu'en livrant à perpétuité à La Seyne ces 2,440 mètres cubes d'eau du Ragas, notre commune a obtenu en compensation la jouissance présente et la propriété future du surplus des eaux du Ragas. Ce serait nous opposer une subtilité sans aucune consistance, car nous ferons voir dans une autre partie de ce travail que, si elle l'avait voulu, notre Municipalité pouvait réduire à néant le traité passé entre La Seyne et la Compagnie du Ragas et toutes les prétentions et oppositions de cette Compagnie.

Ne laissons pas cette question des eaux livrées à La Seyne sans faire encore remarquer ceci : — La Compagnie générale des eaux n'est tenue qu'à fournir 200 litres d'eau par habitant pour une population actuelle de 70,000 habitants ou soit 14,000 mètres cubes; elle ne sera tenue d'augmenter cette quantité que lorsqu'on aura constaté une augmentation de 10,000 habitants. Par conséquent, si notre population s'accroissait en quelques années de plusieurs milliers d'habitants, tant que cet accroissement n'aurait pas dépassé 9,999 personnes, nous devrions à 79,999 habitants nous suffire avec la quantité d'eau reconnue nécessaire pour 70,000 seulement, et pendant ce temps La Seyne jouira, en plus de ses anciennes eaux, des 2,440,000 litres que la fraternité de notre Municipalité lui a octroyés à nos dépens!

Est-il possible qu'une population de 70,000 habitants doive rester de générations en générations victime d'un acte d'impéritie et d'imprévoyance aussi néfaste que la concession faite par notre Municipalité à la ville de La Seyne! Est-il possible que cette population soit irrévocablement sans recours contre un tel acte qui nous paraît avoir excédé les pouvoirs d'un Conseil municipal! — Est-il possible qu'il ait suffi de l'approbation d'un Préfet, de passage, pour ainsi dire, dans notre département, pour qu'une telle délibération du Conseil municipal ait à perpétuité irréparablement aliéné un bien appartenant à l'universalité des Toulonnais? — Nous voudrions en douter.

Dans 63 ans, on pourra revenir peut-être sur quelques-unes des fâcheuses conséquences du Traité passé avec la Compagnie générale des eaux. La convention passée avec la ville de La Seyne dit qu'à ce moment la propriété des eaux du Ragas reviendra à la ville de Toulon : c'est une moquerie, car cette propriété sera grevée de la servitude perpétuelle de donner à La Seyne en un point fixe 2,440 mètres cubes d'eau potable !

Lorsque le 3 mai 1945 les travaux faits par la Compagnie concessionnaire retourneront à la ville de Toulon en même temps que les eaux dont l'exploitation est concédée à cette Compagnie jusqu'à cette date lointaine, non-seulement, comme nous venons de le voir, l'eau livrée à La Seyne ne nous fera pas retour, mais encore les travaux rétrocédés auront été bien chèrement payés, car la Compagnie, pendant la durée de sa concession aura tiré de nos poches, non pas avec des eaux nouvelles telles, par exemple, que celles d'un canal d'irrigation, mais tout simplement avec les eaux à elle livrées par notre Municipalité, plus de *quarante millions de francs*. En effet, les 12,400 mètres cubes de nos eaux que la Compagnie va pouvoir nous vendre au prix moyen de 60 francs le mètre cube, représentant une valeur annuelle de 744,000 francs, la multiplication de 744,000 francs par 60 ans (en fixant seulement à 60 ans l'exploitation effective) donne le chiffre énorme de *quarante-quatre millions six cent quarante mille francs* !

De laquelle somme il conviendra, il est vrai, de déduire un jour le tant pour cent que la Compagnie versera dans la Caisse municipale sur les recettes brutes des concessions d'eaux potables ; mais nous allons voir combien ce tant pour cent se réduira à peu de chose et même à rien pour les finances municipales en défalquant les pertes correspondantes faites par ces mêmes finances (33,000 francs d'anciennes redevances, diminutions de certains impôts, affaiblissement du commerce maritime, etc.)

Rappelons l'article 35 du traité :

« A partir du moment où les concessions d'eaux potables
« atteindront une somme de 250 mille francs, la Compagnie
« versera dans la Caisse municipale sur les recettes brutes de
« 250,000 à 300,000 francs, 10 %; sur les recettes brutes de
« 300,000 à 350,000 fr. 15 %; sur les recettes brutes au-delà
« de 350,000, 20 %. »

Pour mettre les choses au mieux, supposons que, dès la
première année d'exploitation, la Compagnie ait atteint d'emblée, dans le terroir de Toulon, le joli denier de 500,000
francs de recettes brutes, quelle sera la part de la Caisse municipale sur un tel rendement ?

Rien sur une première somme de 250,000 francs,
5,000 fr. ou soit 10 % sur 50,000 fr. (de 250 à 300,000 fr.),
7,500 » ou soit 15 % sur 50,000 fr. (de 300 à 350,000 fr.),
30,000 » ou soit 20 % sur 150,000 fr. (de 350 à 500,000 fr.).
_____

42,500 fr. en total, dont il faudra de suite déduire
33,000 fr. montant des anciennes redevances abandonnées
                        par la ville.
_____

9,500 fr. Il restera 9,500 fr. qui, certes ne compenseront
pas le produit de tous les centimes prélevés sur les imposi-
tions et patentes de tous les établissements industriels fonc-
tionnant actuellement depuis le pont de Dardennes jusqu'aux
portes de Toulon, les droits de pesage ou de mesurage sur
les blés arrivant par mer pour passer sous la meule des
moulins et qui désormais n'arriveront plus, les moulins étant
arrêtés, etc., etc.

Pour être optimistes, nous avons supposé que les 500,000
francs de recettes brutes seraient, dès la première année,
fournis par le rendement des concessions d'eaux potables,
mais si une partie de ces 500,000 francs était, comme il faut
le croire, fournie par le rendement des concessions d'eau

d'arrosage à mode continu, la part de la Caisse municipale serait bien moindre encore que ce que nous venons d'indiquer, oh! oui, bien moindre, car cette Caisse n'aura à percevoir 5 % sur le montant des recettes brutes des concessions réunies d'eau d'arrosage à mode continu et d'eau d'irrigation que lorsque la surface arrosée atteindra *deux mille hectares!* (Voir l'article 54 du Traité) Et encore la rédaction des articles relatifs à toutes ces eaux est si ambiguë qu'il est difficile de comprendre si sur les eaux *d'arrosage à mode continu* la Caisse municipale aura ou n'aura pas à participer à la recette. Nous croyons à la négative.

Quant aux eaux d'irrigation c'est, comme nous l'avons déjà dit et comme nous l'exposerons plus loin, la chose sur laquelle il faut le moins compter.

Comme nous l'avons vu, notre Caisse municipale n'aura pendant 63 ans rien à prétendre sur le rendement des concessions dans la commune de La Seyne; et dans 63 ans elle percevra le montant sur les deux tiers seulement de ces concessions, mais à demi-tarif, en supportant à perpétuité des servitudes onéreuses et en laissant aussi à perpétuité les Toulonnais privés de *deux millions quatre cent quarante mille litres d'eau potable,* privation qui sera loin, bien loin, d'être compensée par les redevances que La Seyne aura à payer.

En résumé, nous sommes d'avis que, pendant 63 ans au moins, la Caisse municipale sera en perte plutôt qu'en gain avec le nouveau régime des eaux, à moins que l'arithmétique ne soit une science fausse.

On pourrait croire que notre Municipalité s'est contentée de livrer à La Seyne une partie de notre eau et à la Compagnie générale des eaux toutes ses sources, tous ses canaux, aqueducs, etc., enfin, tout ce que nous avons énuméré plus haut : il n'en est rien. En effet, voici deux articles dont la rédaction met tout notre terroir à la libre exploitation, au bon plaisir, à la merci de la susdite Compagnie :

« — Article 4 de la convention (page 2 du Traité) : La
« ville s'engage à demander, s'il y a lieu, l'expropriation
« pour cause d'utilité publique, de toutes sources et terrains
« nécessaires à la Compagnie pour la distribution des eaux
« dans la commune de Toulon... »

« Article 34 du cahier des charges (page 15 du Traité) :
« La Compagnie devra présenter à la Municipalité les
« pièces du projet d'adduction des eaux pour lui permettre
« de réclamer de l'Etat, s'il y a lieu, l'émission du décret
« déclaratif d'utilité publique, au moyen duquel il serait
« procédé (si cela devenait nécessaire) à l'expropriation des
« sources, terrains, etc., utiles à la réalisation du projet.....
« Le projet qui sera présenté à la Municipalité devra pré-
« voir l'acquisition d'une zône de terrain suffisante pour
« établir les ouvrages de prise d'eau et pour empêcher que
» l'on puisse rejeter les eaux supérieures inférieurement
« à la nouvelle prise d'eau projetée. »

On sait combien c'est chose élastique que la cause d'utilité publique et combien cette fameuse cause couvre souvent d'abus ; on sait combien c'est chose élastique et vague que ces grands mots : intérêt général, intérêt public ! grands mots à l'aide desquels tant de puissants d'un jour servent tout simplement leur intérêt personnel, à l'aide desquels on donne si souvent à Paul ce qui est à Pierre. — Les deux articles précités sont donc une menace toujours suspendue sur tous les terrains, toutes les sources, tous les puits, etc., etc., de notre terroir ! Voilà toutes nos propriétés sous le coup d'expropriations totales ou partielles et courant les chances d'être bien ou mal indemnisées suivant la composition et l'appréciation d'un jury ! Voilà toutes nos propriétés sous le coup d'être grevées à perpétuité, en long et en large, sur et sous le sol, de servitudes de canalisation, de passage, de surveillance, etc., etc. !

Son traité à la main, la Compagnie concessionnaire a le droit de troubler tous les héritages, de gêner chacun dans la jouissance de son figuier et de son puits, dans l'exploitation de son lopin de terre, et cela à l'aide, souvent, de quelque indemnité dérisoire basée sur ce que le dommage et le trouble ne seront exercés que sur une partie du terrain !

Son traité à la main, cette Compagnie aura pendant 63 ans un monopole absolu et nulle autre Compagnie, aurait-elle un fleuve à sa disposition, ne pourra nous apporter une goutte d'eau !

Et si notre commune voulait un jour échapper à ce monopole terrible ou traiter ultérieurement avec une Compagnie pouvant nous donner une eau plus abondante et à meilleur marché, elle ne pourrait le faire que dans *trente ans* et en subissant les rigueurs suivantes :

« — *Article 73* (page 28 du Traité) : Après les 30 pre-
« mières années de la concession et à condition d'avoir pré-
« venu la Compagnie une année d'avance, la ville aura le
« droit de racheter la concession.

« Le prix du rachat sera calculé sur la moyenne des pro-
« duits nets des cinq années précédentes ou sera, au gré de
« la Compagnie, celui de la trentième année.

« La ville se mettra aux lieu et place de la Compagnie et
« lui paiera annuellement jusqu'à la fin de la concession,
« une somme égale au produit net annuel, qui, d'après le
« paragraphe ci-dessus, aura été accepté par la Compagnie.

« La ville pourra, si la Compagnie y consent, se dégager
« du paiement de cette annuité en payant à la Compagnie une
« somme fixe acceptée par elle. »

Ami lecteur, comment trouvez-vous cet article 73?

Voyez-vous notre malheureuse commune obligée de sup-
porter pendant *trente ans* le monopole de la Compagnie, même si ce monopole est trouvé oppresseur, désavantageux, onéreux ! Et lorsque ayant reconnu ce monopole comme étant trop défavorable et l'ayant enduré pendant *30 ans sans pou-*

voir y porter aucun remède, notre commune voudra s'en débarrasser, il faudra que pendant 33 ans encore elle paie chaque année à la Compagnie, *qui n'aura plus les charges du service,* une somme équivalente à la moyenne des produits nets des cinq années précédentes ou équivalente au produit de la 30ᵉ année si la Compagnie trouve ce produit de la 30ᵉ année plus fort que la moyenne des cinq années précédentes! ou bien la Ville pourra se dégager de ces trente-trois annuités en payant à la Compagnie une somme fixe *acceptée par elle* : un lourd paquet de millions à sortir de vos poches, ô bons Toulonnais !

Et pendant les longues années où elle fera ainsi des rentes à la Compagnie générale des eaux, la Ville aura les charges et les dépenses du service sans les bénéfices et aura à faire toutes les dépenses supplémentaires exigées par les modifications, améliorations, extensions, etc., qui auront été reconnues nécessaires pour remplacer en mieux le monopole dont on se sera débarrassé.

Tout ce que nous venons de passer en revue est arrivé, arrive ou arrivera parce qu'il a plu à notre Municipalité de faire acte de pouvoir souverain, de pouvoir absolu en frappant d'une servitude d'usage perpétuel, au bénéfice d'une commune voisine et à notre préjudice, une partie de nos eaux et en livrant l'autre partie à la longue exploitation, au long monopole d'une Compagnie financière !

Qu'est-ce qui empêchait à notre Municipalité de faire autrement ? — Rien.

En vain objecterait-on que la Ville n'a pas :

1° A se charger de pareils travaux ;

2° A exploiter en régie le service et la distribution des eaux.

Et pourquoi non, si le résultat devait être meilleur !

Pour faire dresser des plans et des devis de travaux la

4

ville a tout un personnel administratif et technique, et il ne manque pas, de par le monde, d'ingénieurs ordinaires ou non ordinaires et la Compagnie générale des eaux sait bien en trouver.

Quant à faire exécuter des travaux d'après plans et devis, toutes les administrations le font en s'adressant par la voie de l'adjudication à des entrepreneurs.

La Ville n'a-t-elle pas fait faire les plans et les devis des hospices actuels, de l'agrandissement de notre cité, du nouvel abattoir, de l'école Rouvière, du Musée-Bibliothèque, etc., etc.?

N'a-t-elle pas déjà fait ou ne fait-elle pas exécuter et surveiller les travaux considérables préparés par ces plans et ces devis?

La Compagnie générale des eaux n'est en somme qu'une Compagnie financière qui prend à sa solde un personnel technique : avec son argent notre ville peut avoir un personnel identique.

Quant à l'exploitation directe du service de la distribution et de la vente des eaux, où donc aurait été l'obstacle? — Est-ce que la ville n'exploite pas directement les octrois? — Est-ce qu'elle n'exploite pas encore directement le service actuel des eaux? — Est-ce qu'au besoin, une fois les travaux faits, le service de distribution et de vente des eaux ne pouvait pas être affermé contre une somme et à des conditions fixées par la ville?

Nous ne pensons point, et cependant en pareille matière il ne faut jurer de rien, que notre Municipalité ait été assez naïve pour s'imaginer qu'en livrant ses eaux pour 63 ans au monopole d'une Compagnie, elle allait avoir affaire à des Moïses à qui il suffirait de frapper les rochers avec une baguette pour faire jaillir des eaux nouvelles.

Des barrages sur ou dans le sol, des galeries, des forages, des pompages aspirants et foulants, des réservoirs, des

conduites, des dérivations de cours d'eau et autres choses
analogues, voilà tout ce que peuvent faire les Moïses mo-
dernes, mais ils ne font pas naître l'eau là où elle n'est pas.

Or, en somme, il s'agissait et il s'agit encore de faire distribuer plus haut et plus loin les eaux des sources de la
Baume, des Pomets, de Saint-Antoine, de Saint-Philip et
du Ragas ou, pour être plus exact en parlant du Ragas, les
eaux de La Foux. — Eh bien! c'est ce que va faire la Compagnie générale des eaux en employant des moyens très
ordinaires, très connus, relativement peu dispendieux et qui
ne sont pas une spécialité dont elle a le monopole exclusif.
Ces moyens, la ville les aurait aussi facilement employés
que la Compagnie générale des eaux.

Et si cette Compagnie va jusqu'à faire un barrage dans la
vallée haute de Dardennes ou ailleurs, la ville aurait pu
aussi le faire : de simples particuliers entreprennent et mè-
nent à bien de tels travaux.

Puisque c'est la ville qui, lorsque besoin sera, aura à faire,
en faveur de la Compagnie générale des eaux, les demandes
des décrets d'expropriation pour cause d'utilité publique,
elle aurait aussi demandé et obtenu ces décrets pour son
propre compte.

Mais, dira-t-on, la ville a dû agir ainsi qu'elle l'a fait afin
d'obtenir les moyens :

1° De faire livrer à la consommation publique, en plus des
eaux anciennes, sinon toutes les eaux nouvelles et jusqu'alors
inutiles du Ragas, du moins la plus grande partie de ces
eaux ;

2° De faire venir dans notre terroir des eaux d'irrigation,
qu'autrement nous n'aurions jamais pu avoir.

A tout cela les réponses sont faciles.

Les eaux du Ragas sont les mêmes que celles de La Foux,
cela a été prouvé et avoué cent fois et personne ne le conteste

plus. Le Ragas et La Foux sont deux issues du même réservoir souterrain. Tant qu'on n'a pas abaissé par un tunnel l'orifice d'une des deux issues, celle du Ragas, on n'a pu troubler la ville de Toulon et les autres usagers dans la jouissance des eaux de la vallée haute de Dardennes.

Mais si ce tunnel pouvait servir à faire des intermittences dans l'écoulement des eaux par la bouche de La Foux et à rejeter ces eaux dans le lit de la rivière en aval de La Foux, en aval des premières prises du Béal, il ne pouvait servir à l'utilisation financière de ces eaux par les possesseurs du Ragas. Il aurait fallu à ceux-ci, pour faire sortir leurs eaux plus haut que l'issue de leur tunnel dans la rivière de Dardennes ou pour les reprendre dans le lit de cette rivière et pour les conduire au loin, un traité avec la ville de Toulon, afin d'obtenir pour cause d'utilité publique un décret d'expropriation des terrains à traverser. La ville de Toulon ayant refusé en diverses circonstances de traiter avec eux, ils ont essayé de tourner la difficulté, et probablement aussi d'influencer les décisions de notre Ville, en vendant une partie de leurs eaux à la ville de la Seyne et en faisant demander par celle-ci une déclaration d'utilité publique, afin que la vente devint exécutable. Cette combinaison se trouve avoir réussi, mieux encore que si La Seyne avait obtenu la déclaration d'utilité publique, par suite du traité que la ville de Toulon a passé avec la Compagnie générale des eaux.

Mais pour s'affranchir de passer un tel traité, pour se débarrasser des taquineries de la Compagnie du Ragas, pour rester maîtresse absolue des eaux de La Foux, pour porter ces eaux à une autre altitude, pour en disposer elle-même autrement qu'on ne l'avait fait jusqu'à ce jour, si cette nouvelle disposition avait été reconnue plus utile, pour échapper aux conséquences du traité de La Seyne avec le Ragas et, par conséquent, pour ne pas nous laisser enlever un seul litre de nos eaux, notre Municipalité avait trois moyens en son pouvoir :

1° Notre Municipalité pouvait, dès qu'elle a eu en projet de modifier complètement le régime et le service de ses eaux, poursuivre à son profit l'expropriation du Ragas pour cause d'utilité publique : elle aurait ainsi devancé La Seyne et déjoué toute combinaison. Quant à la valeur énorme que la Compagnie du Ragas aurait voulu attribuer à sa propriété, nous verrons plus bas que les prétentions de cette Compagnie auraient pu être facilement rabaissées et que la ville de Toulon, en agissant de concert avec la Société des Moulins ou en se substituant à elle, aurait pu de menacée devenir menaçante ;

2° Notre Municipalité pouvait acheter tractativement le Ragas, ce que la Compagnie générale des eaux a trouvé bon de faire, estimant qu'au prix où elle allait nous revendre l'eau de la vallée haute de Dardennes pendant 63 ans, c'était peu de chose que de débourser 200,000 francs.

Et qu'on ne dise pas qu'en expropriant ou en achetant de gré à gré le Ragas, même après la vente intervenue entre La Seyne et la Compagnie du Ragas, notre ville prenait à sa charge le service de la servitude créée par cette vente qui, logiquement, avait dû rester subordonnée à l'obtention de la déclaration d'utilité publique. En présence de l'insuffisance constatée de l'eau nécessaire à une ville de 70,000 habitants, à une grande place de guerre, à un grand port militaire, l'utilité publique était pour Toulon de préférence à La Seyne; elle était certainement pour Toulon de préférence aux particuliers de La Seyne, car n'oublions pas que les services publics à La Seyne n'exigent que 750 mètres cubes d'eau et non pas 2,440 et que jusqu'en 1879 ou 1880 La Seyne n'était pas sans eau. En effet, comment, si elle n'avait pas eu une quantité d'eau relativement suffisante, aurait-elle pu augmenter graduellement sa population jusqu'à 12,200 habitants? Cette augmentation ne s'est certainement pas faite d'un seul coup en 1879 et 1880.

L'avis de la Commission des Travaux publics, *avis partagé par MM. les Ministres de l'Intérieur, de la Guerre et de la Marine*, prouve bien qu'en présence des besoins d'eau de Toulon la cause d'utilité publique eût été reconnue en faveur de cette ville. N'oublions pas que ces autorités supérieures ont déclaré ne voir dans l'acquisition faite par La Seyne et dans sa demande de déclaration d'utilité publique que les éléments d'une transaction *amiable* entre les parties intéressées et non d'une transaction basée sur les droits de La Seyne.

3° Notre Municipalité pouvait, par des travaux opérés sur les terrains possédés par la Société des Moulins de Dardennes aux alentours de La Foux et du Ragas, reprendre les eaux et réduire à l'impuissance le tunnel du Ragas et, par conséquent, annihiler le traité passé entre La Seyne et la Compagnie du Ragas ou, tout au moins, en réduire l'exécution à la quantité d'eau strictement indispensable pour les services publics, si on avait voulu absolument faire de la fraternité de voisinage.

Oui, au moyen de ces travaux on pouvait dire aux possesseurs du Ragas, quels qu'ils fussent, et à la ville de La Seyne : « Annulez votre traité ou modifiez-le de manière à ce qu'il « soit peu préjudiciable aux Toulonnais ; livrez-moi, posses- « seurs du Ragas, vos eaux à des conditions raisonnables, « ou bien, acquérant la propriété ou l'usage des terrains de « la Société des Moulins, je reprends les eaux et je mets à « néant la demande d'utilité publique faite par La Seyne et « les conditions onéreuses que vous voulez m'imposer pour « que je puisse continuer à user de ces eaux que vous dé- « tournez par votre tunnel, de ces eaux qui sont miennes dès « qu'elles sont laissées ou rendues à leur cours naturel. »

Lorsque la Compagnie du Ragas a, par ses achats de terrains et par ses premiers travaux, menacé de détourner à son profit les eaux de la vallée haute de Dardennes, la Société des Moulins, mieux avisée en cela que l'administration municipale, sourde à tous les cris d'alarme, a acheté pour son propre compte, guidée qu'elle était par un ingénieur émérite des Ponts-et-chaussées, feu M. Janvier, une vaste étendue de terrains situés en amont et en aval de La Foux, autour et au-dessus du Ragas, terrains empêchant la Compagnie du Ragas d'étendre latéralement ses travaux et permettant non-seulement d'opérer la reprise des anciennes eaux, mais encore d'en recueillir de nouvelles ; et toujours la Société des Moulins a dit aux diverses Municipalités qui, depuis lors, nous ont administrés, qu'elle se tenait à la disposition de la ville pour l'aider à combattre les prétentions de la Compagnie du Ragas et pour empêcher les agissements de cette Compagnie de devenir nuisibles aux intérêts de Toulon, pourvu, naturellement, que le fonctionnement des moulins fût assuré ou qu'elle fût dépossédée de ses usines et de ses terrains contre une légitime indemnité.

Bien plus, lorsqu'à l'aide des robinets placés dans les parois de la caverne du Ragas la Compagnie a causé des temps d'arrêt dans l'écoulement de La Foux et tari par intervalles l'alimentation du Béal, la Société des Moulins a construit à grands frais un barrage en aval de l'issue du tunnel du Ragas et les manœuvres de la Compagnie ont été réduites à l'impuissance, les intermittences n'ont plus pu se produire, le fonctionnement des industries riveraines du Béal n'a plus été arrêté, les arrosages habituels n'ont plus été troublés et l'alimentation des ruisseaux de notre ville n'a plus été interrompue en plein Eté.

C'est donc à la Société des Moulins que les Toulonnais ont

dû pendant vingt ans de jouir sans trouble des eaux de Dardennes.

Sans rappeler la haute compétence de feu M. l'ingénieur Janvier et sans citer d'autres autorités pour prouver combien il était possible et même facile de reprendre au Ragas les eaux détournées de La Foux, nous nous bornerons à faire observer qu'un honorable adjoint de M. le Maire Dutasta, feu le regretté M. Gorlier, dont les connaissances en matière de travaux ne sauraient être contestées, disait au Conseil municipal, le 26 novembre 1880, que le travail à faire pour cela ne coûterait pas plus de cent mille francs.

D'ailleurs la Société des Moulins, avant que, par des raisons particulières à un certain nombre de ses actionnaires, il ne fût entré dans ses convenances de vendre ses usines et ses terrains à la Compagnie générale des eaux, n'avait pas hésité par deux fois à commencer les travaux de reprise des eaux, travaux encore apparents au lieu dit le *Puits du Figuier*. — Que pouvaient être cependant les ressources pécuniaires et les moyens d'action d'une chétive Compagnie comme la Société des Moulins à côté des ressources et des moyens de la ville de Toulon ! Et pourtant, sûre de la réussite, cette Société ne reculait pas devant l'entreprise.

Les terrains de la Société des Moulins constituaient une telle menace pour le Ragas que tous ceux qui ont voulu faire entrer dans des projets de nouvelle distribution d'eau potable le contingent des eaux de la vallée haute de Dardennes, ont été obligés d'avoir pour objectif l'achat de ces terrains, achat entraînant forcément celui des usines, quoique celles-ci dussent être réduites à l'inaction.

Si la ville n'avait pas voulu s'entendre avec la Société des Moulins, si elle avait voulu se débarrasser des droits de jouissance et d'usage que celle-ci avait sur les eaux de Dardennes et sur le Béal, si elle avait voulu rester plus libre dans la disposition des eaux captées par les travaux de la reprise ou rétrocédées à de bonnes conditions par la Compagnie du Ragas, etc., elle n'avait qu'à acheter les moulins.

La Compagnie générale des eaux a passé avec notre Municipalité un traité si avantageux qu'elle n'a point hésité, pour pouvoir exécuter ce traité, à payer 200,000 francs le Ragas et à acquérir au prix de 400,000 francs les usines et les terrains de la Société des Moulins.

En 63 ans, la Compagnie générale des eaux aura fait sur nous de tels bénéfices que ces 600,000 francs auront été une dépense insignifiante. Si notre ville avait fait cette dépense, elle eut été maîtresse des eaux *sans conditions*, tandis qu'elle a cru devoir subir les conditions parfois très dures de la Compagnie concessionnaire, qu'elle en a, pour 63 ans, à subir ses conditions et le monopole onéreux de la Compagnie; qu'elle a perdu à jamais, au profit de La Seyne, deux millions quatre cent quarante mille litres d'eau potable par 24 heures, qu'elle ne peut pendant 63 ans traiter pour des eaux nouvelles, soit qu'elles puissent être amenées du dehors, soit qu'elles puissent être trouvées dans notre terroir, et que, si elle voulait avant 63 ans se débarrasser d'un monopole gênant et onéreux, elle aurait, ainsi que nous l'avons vu plus haut, des sacrifices énormes à faire.

Il est vrai que dans 63 ans les eaux de la vallée haute de Dardennes, (moins les 2,440 mètres cubes livrés à La Seyne), feront retour à la ville, mais, pendant ces 63 ans, combien les Toulonnais auront-ils payé de fois les 600,000 francs que ces eaux auront coûtés en premier achat à la Compagnie concessionnaire !

Le bon public s'imaginerait-il, par hasard, que ce n'est pas lui aussi qui, pendant 63 ans, va payer à la Compagnie concessionnaire l'équivalent des frais occasionnés à cette Compagnie par la distribution *gratuite* aux établissements

de la ville et de l'Etat de la quantité de mètres cubes indiqués aux articles 10 et 12 du Traité!

Est-ce que, cependant, il n'aurait pas mieux valu pour les
Toulonnais qu'à tirer de leur poche, pendant 63 ans, l'argent
nécessaire à l'amortissement du coût du Ragas et des Moulins et du coût des nouveaux travaux de distribution des
eaux et l'argent constituant les énormes bénéfices que va faire
la Compagnie générale des eaux, ils eussent à verser tout cet argent dans la Caisse municipale, puisque cet argent sera le
produit d'un bien appartenant en réalité à l'universalité des
habitants de la commune? Quelque chose au moins leur resterait de l'argent constituant les susdits bénéfices, soit, ainsi
que nous l'avons déjà dit, que ces bénéfices n'étant point
perçus, l'eau coûtât moins cher aux particuliers, soit qu'étant
perçus, ils fussent employés au dégrèvement de nos lourdes
contributions municipales, à l'extinction de notre dette ou à
exécuter les grands travaux projetés.

Nous l'avons dit et nous ne saurions trop le répéter et on
ne saurait trop s'en souvenir, par l'abandon de toutes ses
sources, par la possibilité donnée à la Compagnie concessionnaire de faire siennes désormais, sans opposition ni
conteste, les eaux de la vallée haute de Dardennes, notre
Municipalité a permis à cette Compagnie d'avoir, dès le
début de son exploitation et sans travaux de recherche ou de
barrage, 12,400 mètres cubes *au minimum* d'eau potable à
concéder à 60 francs le mètre cube, c'est-à-dire, d'avoir de
suite en mains une valeur annuelle de 744,000 francs! et
dans cette valeur ni la cession gratuite des terrains communaux ni les diverses facultés accordées, gratuitement aussi,
à cette Compagnie, ne sont comptées.

Si, comme nous espérons l'avoir démontré, en échange
des eaux livrées par elle à l'exploitation privée, notre ville ne
gagne aucune eau dont elle ne jouissait déjà et va, au con-

traire, perdre à tout jamais les deux millions quatre cent
quarante mille litres d'eau conduits par 24 heures à La Seyne,
a-t-elle au moins obtenu, en compensation, la *certitude absolue* que des eaux devant servir à l'irrigation courante et
aux usages industriels seront amenées à *bref délai* dans
notre terroir, nous croyons pouvoir répondre : — Non.

Il y a dans le Traité, page 18, un certain chapitre III en 17
articles, parlant de l'eau d'irrigation et réglementant tout ce
qui peut avoir trait à cette eau, à sa vente, à sa distribution au-
dessous de 120 mètres d'altitude, à son utilisation comme force
motrice pour actionner des usines hydrauliques, etc., etc.;
mais dans aucun de ces 17 articles il n'est question de l'endroit
où se trouve cette eau et comment on pourra nous l'amener.
D'ailleurs il suffit de lire l'article 38 du Traité, qui est le
premier du chapitre III, pour concevoir plus que des doutes
sur l'exécution d'un canal d'irrigation.

Voici cet article sur les passages soulignés duquel nous
appelons surtout l'attention :

« La Compagnie s'engage à construire un canal d'irriga-
« tion dans des conditions capables d'arroser le terrain
« susceptible d'être irrigué dans le territoire de Toulon au-
« dessous d'une altitude de 120 mètres environ, en employant
« les eaux acceptées par le service des Ponts-et-Chaussés du
« département du Var.
« Seront seuls à la charge de la Compagnie, le Canal prin-
« cipal et ses branches secondaires.
« La Compagnie présentera à la Municipalité le projet
« d'adduction de ces eaux dans un délai de deux ans à partir
« du jour de l'approbation par le Préfet du présent cahier
« des charges.
« *Mais l'exécution du projet d'adduction des eaux d'irri-
« gation reste subordonné aux conditions suivantes :*
« 1° Le montant des abonnements dûment réalisés pour
« l'un et l'autre des deux modes d'irrigation, au moyen des
« polices d'abonnement déposées au bureau des Travaux de
« la Mairie et dans ceux de la Compagnie, devra avoir atteint

« le chiffre de *800 hectares effectifs*, soit dans la commune
« de Toulon, soit dans les communes traversées par le canal
« d'irrigation.

« 2° *La portion de la dépense mise à la charge de la Com-*
« *pagnie concessionnaire par le décret approbatif du projet et*
« *qui, en aucun cas, ne pourra dépasser deux millions, sera*
« *garantie par l'État d'un revenu annuel minimum égal à un*
« *intérêt de 4.65 %, du capital engagé par la Compagnie ou*
« *d'une subvention équivalente.* »

Nous croyons devoir citer encore l'article 60 du Traité :

« Dans un délai maximum de six mois, en ce qui concerne
« les eaux potables et continues, et d'un an en ce qui con-
« cerne les eaux d'irrigation, à dater du jour de la notifica-
« tion du décret déclaratif d'utilité publique, la Compagnie
« devra soumettre au Conseil municipal le projet général et
« définitif de l'ensemble et des principaux détails de tous les
« travaux à exécuter pour l'adduction des eaux potables et
« la distribution des eaux d'irrigation. »

Voilà donc la Compagnie concessionnaire qui devra seulement le 2 mai 1884 présenter à la Municipalité un projet
quelconque d'adduction des eaux d'irrigation ; mais ce ne sera
que dans le délai d'un an, à dater du jour de la notification
du décret déclaratif d'utilité publique, que la Compagnie
devra soumettre au Conseil municipal le projet général et
définitif de l'ensemble et des principaux détails de tous les
travaux à exécuter pour la distribution des eaux d'irrigation.
Or, le décret déclaratif d'utilité publique ne pourra être demandé qu'après la présentation du projet d'adduction de ces
eaux et ne pourra être obtenu qu'après les formalités administratives : acceptation du projet par le Conseil municipal,
approbation préfectorale, enquêtes dans plusieurs communes,
rapports sur enquêtes, avis des autorités supérieures, etc.,
toutes formalités qui entraîneront des délais fort longs de
même que cela est arrivé pour le décret d'utilité publique
demandé par La Seyne. — Cela fait, la Compagnie aura encore

un an de délai pour soumettre au Conseil municipal un projet général et définitif de distribution !

Quand nous en serons là (sera-ce dans le courant de 1886 ou en 1887?) l'exécution du projet d'adduction des eaux restera encore subordonné aux conditions énoncées dans l'article 38 :

1° Le montant des abonnements dûment réalisés devra avoir atteint le chiffre de *800 hectares effectifs*. Dans ces 800 hectares seront comprises, il est vrai, les surfaces arrosées au moyen de l'eau dite à mode continu, mais ces surfaces, au prix où cette eau sera vendue, ne constitueront pas un grand nombre d'hectares et pour arriver à parfaire des abonnements pour 800 hectares avant l'existence du canal, avant que ce canal et son eau ne soient visibles et tangibles, avant que l'exemple de la transformation des cultures n'ait été donné par quelques-uns au plus grand nombre, combien d'années s'écouleront-elles ? — De plus, il ne sera pas fait de concession au-dessous d'un hectare (article 40 du Traité). Si donc l'on possédait sur le parcours du canal ou de ses branches secondaires 9,999 mètres carrés de terrain et non pas 10,000 mètres, on ne pourrait prendre abonnement à l'eau d'irrigation ! Une propriété qui aurait été irriguée et aménagée comme telle, alors qu'elle était la propriété d'un père de famille, cesserait d'être irrigable et de valoir comme telle du moment que le partage entre les héritiers donnerait à chacun de ceux-ci une part moindre d'un hectare ! — Donc tout terrain de moins d'un hectare ne pourra être arrosé qu'avec de l'eau à mode continu, c'est-à-dire avec de l'eau dont le prix sera, comme nous l'avons vu, presque aussi élevé que celui de l'eau potable. Dans un pays comme le nôtre, où la propriété rurale est extrêmement morcelée, c'est exclure d'avance de l'irrigation une grande partie des terrains. Cette exclusion des propriétés de moins d'un hectare risque d'ajourner *indéfiniment* la possibilité de réunir des abonnements pour 800 hectares *effectifs*.

L'insertion des mots *effectifs* pour qualifier les hectares en faveur desquels on pourra souscrire des polices d'abonnement nous parait donc constituer comme une sorte d'échappatoire.

En effet, dans notre région, le phylloxéra a ruiné ou est entrain de ruiner la majeure partie des propriétaires ruraux. La plupart d'entre eux, faute de ressources immédiates, ne peuvent ou ne pourront que lentement faire le remplacement de leurs vignes mortes. Donc ils ne pourraient que lentement aussi transformer en terrains irrigués (prairies, luzernières, jardins maraîchers, etc.), leurs terrains disposés pour la culture de la vigne, de l'olivier, des céréales, faire les défoncements, nivellations, modifications de pentes nécessaires, créer les ruisseaux, rigoles et vannes indispensables, économiser l'argent nécessaire pour payer à la Compagnie les travaux de prise d'irrigation, de prise d'eau, de rigoles et de filioles devant amener l'eau dans leur propriété. Dans ces mauvaises conditions ces propriétaires se risqueront-ils à souscrire d'avance des abonnements qui les exposeraient, dans leur état de gêne, à payer pendant un an, deux ans, trois ans, une redevance de 100 francs à l'hectare avant de pouvoir utiliser l'eau d'irrigation ?

Si donc, pour faire hâter l'adduction de l'eau d'irrigation, un syndicat voulait se former pour souscrire d'emblée les abonnements aux 800 hectares, en attendant de pouvoir rétrocéder successivement ces abonnements à divers propriétaires, à mesure que ceux-ci se seraient mis en mesure d'user de l'irrigation, ce syndicat se heurterait à une fin de non recevoir : « Désignez-moi d'avance sur le terrain les 800 hectares à irriguer, pourrait dire la Compagnie, ou je n'exécute rien : il faut que les hectares soient *effectifs !* »

Qu'on ne nous dise pas que l'on a voulu par cette restriction empêcher une spéculation d'argent sur la rétrocession des abonnements : les conditions de cette rétrocession auraient pu être réglées d'avance et renfermées dans des limites sages et pratiques et la création du syndicat dont nous venons de parler aurait dû être prévue, facilitée et favorisée.

2° La portion de la dépense mise à la charge de la Compagnie concessionnaire ne pourra en aucun cas dépasser deux millions et l'Etat devra garantir pour cette portion de dépense un revenu annuel minimum de 4.65 °/₀ ou une subvention équivalente.

De sorte que la Compagnie peut faire un projet quelconque d'adduction d'eau d'irrigation, et des abonnements pour 800 hectares effectifs peuvent être réalisés, mais l'eau à amener peut se trouver à une distance considérable, dans quelque fleuve ou rivière ou dans quelque lac très lointains, et son adduction peut nécessiter dix, douze, quinze, vingt millions... de dépenses pour être exécutée. La Compagnie dira : « Moi, je suis prête à fournir jusqu'à deux millions, pourvu que l'Etat me garantisse pour mon apport 4.65 °/₀ de revenu ou une subvention équivalente. Ville de Toulon, obtenez de l'Etat la garantie ou la subvention que je demande et débrouillez-vous pour me procurer les autres millions. »

Lorsque la ville de Marseille a décidé la construction de son grand canal, elle savait que l'eau serait prise à la Durance à un point déterminé, Pertuis, à 187 mètres d'altitude et à une distance de 83 kilomètres.

Si notre Municipalité avait fait indiquer dans le traité en quel lieu la Compagnie concessionnaire prendrait son eau d'irrigation, elle aurait pu vérifier si l'adduction de cette eau était possible et dans quel délai elle était possible ; elle aurait pu calculer approximativement la somme à ajouter au petit appoint de deux millions promise par la Compagnie et étudier les moyens de réaliser cette somme; mais dans le traité il n'y a pas un mot à ce sujet.

Rien, non plus, dans le traité ne dit que notre Municipalité a obtenu de l'Etat l'engagement de garantie d'intérêt ou de subvention demandé par la Compagnie. L'apport des deux millions et, par suite, l'adduction de l'eau sont donc subordonnés à une condition de libéralité de la part d'un tiers, lequel tiers n'est pas intervenu au contrat et, par conséquent, n'a rien promis, ne s'est engagé à rien.

Le cas échéant, qui donc fournirait les millions supplémentaires? Dans quelle combinaison d'emprunts et, par conséquent, de surtaxes municipales nous lancerait-on? Les communes traversées par le canal voudraient-elles entrer dans cette combinaison? L'Etat et le département donneraient-ils leur concours? Tout cela est dans les futurs contingents et l'époque à laquelle la question pourrait être résolue est tout à fait indéterminée et, pour sûr, elle est très lointaine.

Donc, soit dans les mots *800 hectares effectifs* qui empêchent l'intervention d'un syndicat, soit dans la réserve qu'elle a faite de ne pas participer à la dépense pour plus de deux millions et à la condition, toutefois, qu'elle aura une garantie d'intérêt ou une subvention, c'est-à-dire, en fait, qu'*elle ne donnera rien*. La Compagnie concessionnaire, en ce qui concerne l'eau agricole et l'eau industrielle, nous paraît avoir à sa disposition un *non possumus* des plus énergique.

Par conséquent il est inutile, dans notre commune, aux propriétaires ruraux de préparer ou de réserver leurs terrains pour des cultures irriguées et aux industriels de se préparer à créer des usines hydrauliques. Ils ont le temps, croyons-nous, de planter des ormes, de les voir grandir et d'attendre sous leur ombre la venue de l'eau d'irrigation.

Si la concession de la distribution et de la vente des eaux potables était absolument connexe à la concession de la dis-

tribution et de la vente des eaux d'irrigation et si, par conséquent, la non adduction des eaux d'irrigation, dans un délai
déterminé, entrainait la déchéance de la Compagnie concess-
sionnaire pour l'exploitation des eaux potables, on pourrait
avoir quelque espoir; mais les pénalités édictées par l'article
63 du Traité et le recours au Conseil de préfecture du Var
et au Conseil d'Etat indiqué par l'article 77 ne seront pas
applicables à la Compagnie, en ce qui concerne les eaux d'irrigation, tant que cette Compagnie, ayant présenté, le 2 mai
1884, un projet quelconque d'adduction de ces eaux, pourra
dire : « Je n'ai pas recueilli des abonnements pour 800 hectares effectifs. » Ou bien : « J'ai recueilli ces abonnements ;
qu'on me fournisse maintenant les sommes que j'ai à dépenser en plus de deux millions de francs et qu'on me donne
pour ces deux millions la garantie d'intérêt ou la subvention
que j'ai stipulée à *l'effet de récupérer ces deux millions.* »
— Et elle continuera tranquillement à exploiter les eaux potables à elle si aimablement concédées pour 63 ans par notre
bonne ville de Toulon !

A défaut d'une eau presque aussi utile et indispensable que
l'eau potable, à défaut de l'eau agricole et industrielle, de
l'eau pouvant à bon marché et en abondance nettoyer vos
rues infectes, contentez-vous donc, ô Toulonnais, de payer à
haut prix l'eau d'arrosage à mode continu, cette eau que
l'éminent M. Barral, dans son beau travail sur les irrigations
dans le département des Bouches-du-Rhône, considère comme
étant uniquement de l'eau de luxe ne pouvant satisfaire les
besoins agricoles. Faites des villas, cela coûte cher et cela
paie de gros impôts, et cultivez des fleurs, beaucoup de
fleurs, rien que des fleurs, c'est la vraie culture toulonnaise,
au dire de notre Municipalité (trop de fleurs ! dirait peut-être
la sceptique *Calchas* de la *Belle-Hélène*); et, pour en tirer
parti, offrez-vous mutuellement des bouquets ou, vos fleurs à

main, attendez les lords anglais, les boyards russes, les planteurs américains qui, les poches pleines d'or, vont venir nous envahir, à ce qu'assure aussi notre Municipalité.

En présence du manque de certitude d'avoir l'eau d'irrigation il est inutile de poursuivre plus avant l'examen de ce qui la concerne. Bornons-nous à faire observer qu'il faudrait, si on l'avait un jour, la payer à raison de 100 francs l'an pour une concession nécessaire à l'arrosage hebdomadaire d'un hectare, arrosage exigible seulement du 15 avril au 15 octobre de chaque année, alors que dans notre pays il faudrait si souvent commencer les irrigations dès le mois de février. Dans ces conditions, 100 francs est un prix très élevé : La même quantité d'eau prise au canal de Marseille ne coûte que 80 francs. Le 15 avril est aussi une époque trop tardive.

Permettons-nous encore deux observations importantes :

Notre Municipalité s'est occupée à grand fracas de l'irrigation de *trois mille* hectares et elle n'a pas su conserver l'irrigation à la centaine d'hectares qui, de Dardennes jusqu'aux portes de Toulon, sont irrigués depuis des siècles et qui vont subir une dépréciation aussi énorme qu'injuste ;

Elle s'est occupée à grand fracas, par six articles de son traité, de l'actionnement, au moyen de l'eau d'irrigation, d'usines à établir *in futurum* sur le parcours des hypothétiques canaux de cette eau, et elle n'a pas su conserver les quatorze belles chutes qui, depuis des siècles, font mouvoir des usines entre la Foux et Saint-Antoine et entretiennent ainsi d'importantes industries *existantes* et non à créer.

La plupart de nos conseillers municipaux actuels n'en sont pas moins convaincus peut-être d'avoir enfin doté notre terroir de torrents d'eau potable, d'eau d'irrigation et d'eau industrielle ; heureuse illusion que partage encore une grande partie de nos concitoyens ! Quant à nous, nous en sommes

toujours à croire, et beaucoup de gens partagent notre
croyance, que le plus positif résultat des agissements de
notre Municipalité en cette affaire, c'est d'avoir diminué nos
ressources en eau des *deux millions quatre cent quarante
mille litres* bénévolement livrés à La Seyne, de ne pouvoir
compter, en compensation, sur de l'eau d'irrigation et d'industrie et de nous forcer à fournir, pendant 63 ans, des
bénéfices énormes à la Compagnie concessionnaire qui n'a
pas même, pour acquérir ces bénéfices, à se préoccuper de
rechercher un seul litre d'eau, la quantité que notre ville
abandonne à sa disposition lui suffisant au-delà pour tenir
ses engagements. Cette Compagnie aura tout simplement
l'obligation de nous distribuer l'eau autrement qu'elle ne
nous était distribuée, car il faut bien, en somme, qu'elle ait
quelque chose à faire ; mais cette obligation n'est ni difficile,
ni coûteuse à remplir et nous persistons à croire qu'il y aurait
eu avantage et bénéfice à se passer des services onéreux de
cette Compagnie et à ne pas nous mettre sous la tyrannie de
son monopole.

Charmé par l'idée de voir le réseau des distributions d'eau
potable s'étendre sur une partie beaucoup plus vaste de notre
terroir, un grand nombre de Toulonnais n'a certainement
pas examiné les conséquences de l'adoption par notre Municipalité de tel ou tel article du Traité et de telle ou telle modification dans le régime ancien de nos eaux. On n'a vu
souvent que la lésion de quelques intérêts privés là où, au
contraire, des intérêts généraux se trouvaient profondément
lésés. — Quelques exemples vont le prouver.

Sinon immédiatement, du moins dans un temps relativement rapproché, treize moulins à farine, situés dans une
étroite et profonde vallée à l'abri du feu de l'ennemi, devront
être arrêtés dans leur fonctionnement, alors qu'il n'existe
que quatorze de ces moulins dans notre terroir. Dans le cas

où, par suite de guerre dans notre région, Toulon, contenant dans le grand camp retranché formé par ses forteresses 40 ou 50,000 soldats en plus de ses 70,000 habitants serait investi et bloqué et ne recevrait par mer, en ravitaillement, que du blé au lieu de farine, ces moulins ne seraient plus là pour moudre ce blé et rendre ainsi possible l'alimentation de cette agglomération d'individus.

Jusqu'à présent ces moulins, mus économiquement par l'eau du Béal, ont permis à notre boulangerie locale d'acheter des blés en grain et de les recevoir par mer *dans notre port*, d'en faire des approvisionnements et de les moudre et de les bluter au fur et à mesure de la consommation, de manière à ce que cette boulangerie ne fût pas absolument dépendante des minoteries lointaines et ne subit pas les conditions de prix parfois onéreuses de ces minoteries, conditions qu'auraient subies à leur tour les consommateurs de pain et qu'ils subiront désormais lorsque les moulins ne fonctionneront plus. En fait le port de Toulon va se trouver fermé au commerce des blés : pas de moulins, pas d'arrivages de blés.

Construira-t-on un jour des moulins à vapeur? A quelle époque? Mais ces moulins ne peuvent travailler à aussi bas prix que des moulins mus par des chutes naturelles et, en cas de guerre, le charbon peut ne plus arriver à Toulon. Si nous avions un jour un canal d'irrigation pouvant actionner des usines, ces usines auraient à payer à la Compagnie concessionnaire 200 francs par an pour la force équivalente à un seul cheval-vapeur, c'est-à-dire une redevance très élevée, tandis que les moulins actuels avaient des facultés d'eau leur appartenant en propre et, par conséquent, ne payant aucune redevance.

Dans le procès-verbal de sa séance du 29 septembre 1879 la Commission municipale des *grands travaux*, étant présents MM. DUTHOIT, LAVÈNE, DERBÉS, TARADEL, MICHEL, GAUNE et

Guiol, disait, au sujet des propositions faites par la Compagnie du Ragas à la Ville, *qu'il y aurait à craindre de voir disparaître une industrie, celle des moulins, qui serait difficilement remplacée à Toulon.* Plus tard, ces Messieurs ont oublié ce qu'ils avaient trouvé bon de dire en septembre 1879.

Tous les lavoirs et séchoirs à linge établis depuis La Foux jusqu'aux portes de la ville seront fermés. Les clientes si nombreuses et si laborieuses de ces lavoirs seront obligées, afin d'exercer leur modeste et utile industrie, de s'écarter de leur domicile et de leurs jeunes enfants pour venir, souvent de fort loin et chargées de leurs paquets de linge, aux lavoirs publics de la ville ou des faubourgs, lavoirs n'ayant pas de séchoirs. — Des lavoirs particuliers ne pourront plus être créés qu'avec la construction de bassins couverts fort coûteux et ne pourront plus être alimentés que par de l'eau concédée au prix ou presque au prix de l'eau potable et, par conséquent, devront faire payer plus cher aux blanchisseuses l'usage de leurs locaux. — Les dix lavoirs publics dont parle le Traité sont à construire aux frais de nos finances municipales et ce ne sera certainement pas une petite dépense. D'ailleurs, qu'il s'agisse de lavoirs publics ou de lavoirs privés, jamais à Toulon, une fois le régime nouveau installé, le linge ne sera plus lavé dans une eau aussi courante et aussi abondante que l'eau du Béal ou de la rivière venant de Dardennes : c'est une considération d'hygiène qui a une très grande valeur.

Les propriétaires de la plus grande partie des maisons vont être obligés de faire des installations coûteuses et de payer des redevances à la Compagnie pour avoir de l'eau dans leurs immeubles, car les habitants de ces maisons ne vont plus pouvoir s'approvisionner *librement* d'eau au-dehors, les fontaines de puisage devant être remplacées par des fontaines intermittentes et l'eau ne devant être puisée à n'importe quelle sorte de fontaine qu'avec *des récipients de 12 litres au plus*, ce qui équivaut à dire que chacun ne pourra puiser *à son tour* et *à la fois* que 12 litres.

Ami lecteur, voyez-vous d'ici un malheureux habitant d'un 5ᵉ ou d'un 6ᵉ étage (vous, peut-être) obligé de faire plusieurs fois la descente et l'ascension de tous les étages qui le séparent de la rue pour avoir dans son ménage une provision d'eau de plus de 12 litres ! Que de courses aussi pour celui qui, dans la banlieue, sera un peu éloigné d'une borne-fontaine !

Donc, toutes les personnes qui n'auront pu faire la dépense nécessaire pour l'installation des appareils faisant monter de l'eau aux divers étages de leur maison ou qui n'auront pas les moyens de payer cette eau à la Compagnie concessionnaire ; toutes les personnes qui ne pourront être locataires de logements recevant de l'eau, seront obligées d'acheter des récipients au timbre de jauge de la Compagnie, ou seront exposées aux obsessions des agents assermentés de cette Compagnie qui, toutes les fois que ces personnes approcheront d'une fontaine, pourront vouloir jauger le récipient qu'elles auront en main et dresseront un procès-verbal de contravention si ce récipient excède 12 litres de capacité.

Les fontaines étant, dans le Traité, divisées en fontaines monumentales et en fontaines de puisage, il paraît résulter de cette division qu'il sera interdit de puiser de l'eau aux fontaines monumentales.

Un concessionnaire d'eau potable ne pourra pas en été, même à la campagne, fournir un peu d'eau, de cette eau appartenant à l'universalité des habitants, à un malheureux voisin, non concessionnaire, dont le puits ou la citerne seront taris par la sécheresse. Le malheureux voisin sera obligé d'aller chercher de l'eau peut-être à une très grande distance, à moins que le concessionnaire ne s'expose à être mis en contravention, car l'article 32 du Traité est terrible et parfaitement explicite :

« Il est formellement interdit à tout abonné aux eaux, soit
« à débit constant, soit au compteur et même pour l'arrosage
« des rues, *de donner, vendre ou distraire tout ou partie des*
» *eaux qui lui sont cédées par la Compagnie, à quelque titre*
« *que ce soit, même le trop plein de son réservoir, sous peine*
« *d'une amende qui sera fixée dans le règlement des eaux.* »

Or, si nous rapprochons cet article 32 de l'article 70 donnant à la Compagnie le droit d'avoir des *agents assermentés, assimilés aux gardes champêtres, qui seront préposés soit à la perception des droits, soit à la surveillance des canaux et dépendances des distributions d'eaux potables et d'irrigation,* il s'ensuit que ces agents pourront pénétrer à *leur convenance* dans le domicile des abonnés pour surveiller soit un canal, soit *une dépendance de la distribution d'eau.* Le Traité ne s'explique pas sur ce qu'il faut entendre par les *dépendances des distributions d'eau.* Le terme est élastique. Le moindre robinet ne sera-t-il pas, hélas ! une de ces dépendances ?

Pour user de nos eaux nous allons donc être exposés plus que jamais à des procès-verbaux de contravention dans la rue et soumis de plus à des visites domiciliaires. N'y a-t-il pas déjà assez d'agents administratifs et fiscaux ayant la faculté de pénétrer chez nous et de verbaliser contre nous, sans y joindre encore les agents d'une Compagnie financière !

Les deux susdits articles 32 et 70 ont donc créé une bien lourde servitude au préjudice des Toulonnais qui, depuis des siècles et des siècles, avaient usé et joui de leurs eaux sans tous ces règlements comminatoires auxquels notre Municipalité n'aurait pas dû consentir à nous soumettre.

Nous n'avions point tort lorsque nous disions que, son

Traité à la main, la Compagnie concessionnaire allait être maîtresse absolue dans notre terroir pendant 63 ans.

Il nous parait probable aussi que l'extension du périmètre de l'octroi suivra de près l'extension du périmètre de la distribution d'eau. Les dépenses exagérées de la Municipalité, les dettes communales, l'exécution des grands travaux projetés, etc., nous mèneront à cette aggravation de charges. On trouvera juste et surtout facile de soumettre à l'octroi ceux à qui on aura donné ou vendu un peu d'eau et l'on aura raison : le meilleur moyen d'être populaire et d'être élu et réélu, c'est de prendre beaucoup d'argent aux électeurs et d'employer cet argent en dépenses inopportunes ou inutiles.

Lorsque nous avons parlé des eaux dites d'arrosage à mode continu, nous avons omis de faire remarquer que le grand canal de Marseille distribue aussi des eaux de même nature et de comparer le tarif de Marseille au tarif de Toulon.

A Marseille 8,640 litres d'eau continue sont livrées à 82 francs dans la ville et les faubourgs, à 115 francs dans le reste du territoire, tandis qu'à Toulon 5,000 litres d'eau continue seront livrés au prix de 165 francs.

Malgré le prix bien moindre auquel ces eaux sont livrées à Marseille, M. Barral, une autorité dont personne ne pourra contester la compétence, dans un travail sur les irrigations dans les Bouches-du-Rhône, n'hésite pas à dire que le prix élevé de ces eaux les exclut des usages agricoles et qu'elles peuvent tout au plus servir à l'arrosage de quelques bosquets et jardins.

D'ailleurs, les conditions qui, dans le Traité, régissent la création et le service de l'arrosage à mode continu n'ont rien de net et de précis :

« Article 36 : Dans toute la zône indiquée à l'article 6

« (entre l'altitude de 80 mètres et le niveau de la mer), la
« Compagnie devra faire servir sa conduite forcée aux arro-
« sages à mode continu pour la zône comprise entre 80 et
« 120 mètres. — La Compagnie s'engage à faire les travaux
« pour la canalisation et l'organisation du service, jusqu'à
« concurrence d'une somme de cent mille francs dès que le
« montant des abonnements réalisés au moyen des polices
« d'abonnements déposées au bureau de la Mairie ou dans
« ceux de la Compagnie aura atteint dix mille francs. La
« Compagnie étendra ce service dans les conditions prévues à
« l'article 37. »

« — Article 37 : Les travaux de prise d'eau seront faits
« par la Compagnie à la charge des abonnés. S'il faut
« établir une conduite pour arriver à la propriété, cette
« conduite sera posée par l'abonné ou à ses frais, sauf le
« cas où elle pourrait desservir plusieurs concessions ; dans
« ce cas cette conduite ne serait pas comprise dans la cana-
« lisation générale et ne serait exécutée par la Compagnie
« que si les redevances annuelles représentaient au moins
« le 15 0/0 des travaux à exécuter. L'extension des travaux
« prévus ci-dessus, cessera d'être obligatoire pour la Compa-
« gnie, 10 ans avant la fin de la présente concession. »

De quelle conduite forcée s'agit-il ? Est-ce d'une conduite
spéciale ou de la conduite forcée pour les eaux potables ?

Lorsque dix mille francs d'abonnements auront été réalisés,
la Compagnie fera cent mille francs de travaux ; mais si **pour**
desservir ces dix mille francs d'abonnements, abonnements qui peuvent être contractés pour des propriétés **très**
distantes les unes des autres, cent mille francs de travaux ne
peuvent suffire, la Compagnie ne sera donc pas tenue de faire
plus et dans ce cas tous les abonnements souscrits ne pourront pas être servis.

S'il faut établir une conduite pour arriver à la propriété de
l'abonné, cette conduite sera posée par lui ou à ses frais,
sauf le cas où elle pourrait desservir plusieurs concessions.
Comment l'abonné pourra-t-il faire arriver cette conduite
chez lui si elle a à à suivre des chemins de particuliers ou à

traverser d'autres propriétés! Est-ce la Compagnie ou
l'abonné qui devra faire consentir les propriétaires traversés
à subir la servitude de passage? Qui paiera les indemnités de
passage si on en exige? L'expropriation pour cause d'utilité
publique sera-t-elle applicable en ce cas?

Même dans le cas où la conduite à faire pourrait desservir
plusieurs concessions et devrait être posée aux frais de la
Compagnie, cette conduite ne serait exécutée par la Compagnie que si les redevances annuelles représentaient au moins
le 15 °/₀ des travaux à exécuter. Donc, si les redevances annuelles représentaient moins, la Compagnie serait en droit de
refuser la concession.

Dans les conditions telles qu'elles sont stipulées, il nous
paraît impossible que la plupart des propriétaires, surtout
ceux situés entre 80 et 120 mètres d'altitude puissent user
de l'arrosage à mode continu, lors même qu'ils ne seraient
pas arrêtés par le haut prix de l'eau et par tous les travaux
dispendieux nécessaires pour utiliser cette eau. Il n'y aura,
ce nous semble, que les propriétés pouvant être desservies
par la conduite des eaux potables qui pourront recevoir de
l'eau à mode continu et, par conséquent, jusqu'à preuve du
contraire, nous ne pouvons voir là qu'un moyen pour la
Compagnie concessionnaire d'utiliser, presque à prix équivalent, le surplus des eaux potables.

En parlant des eaux d'irrigation nous avons omis aussi de
faire remarquer que le canal de Marseille avait coûté à cette
ville près de 57 millions de francs pour un débit de neuf
mètres cubes à la seconde. Le projet pour Toulon vise un
canal d'un débit de trois mètres cubes à la seconde. Proportionnellement le canal de Toulon devrait donc coûter de 15 à
20 millions, sur lesquels la Compagnie générale des eaux
offre bravement d'avancer deux millions, à la condition
d'avoir pour ces deux millions une garantie d'intérêt ou

une subvention lui permettant de reconstituer sans risques ce maigre capital !

Quand nous avons dit que notre Municipalité n'aurait entrepris rien de difficile et rien de bien dispendieux en se chargeant, elle-même, des travaux d'amélioration et de transformation de son ancien système de distribution des eaux potables et qu'elle aurait ainsi donné de grands bénéfices à la Caisse municipale et évité à ses administrés des sacrifices d'argent et la sujétion au monopole d'une Compagnie financière qui, naturellement, pendant 63 ans, va chercher à transformer chaque goutte de notre eau en pièces de cinq francs, nous n'avons rien avancé à la légère.

Il suffit, en effet, de lire l'avant-projet joint à sa proposition par M. Martini, le soumissionnaire accepté par notre Municipalité, pour voir combien les travaux à exécuter sont à la portée du plus ordinaire des ingénieurs et du plus ordinaire des entrepreneurs de maçonnerie et de terrassement.

Voici d'ailleurs, l'énumération de ces travaux et l'évaluation des dépenses figurant dans le susdit avant-projet d'établissement d'une distribution d'eau potable :

Construction du barrage dans le lit de la rivière de Dardennes . . . . 50,000 fr.

Construction d'un canal d'adduction pour un débit de 200 litres par seconde : 5,000 mètres à 60 fr. l'un 300,000

Réservoir de réception et de distribution des eaux, d'une capacité de 12,000 tonnes, au prix de 30 fr. par tonne de contenance . . 360,000

50 kilomètres de canalisation en fonte, de divers diamètres, pour la distribution des eaux, à 20 fr. le mètre moyen 1,000,000

A Reporter . . . . . . 1,710,000 fr.

Report.	1,710.000 fr.

Réfection de la canalisation de Saint-Antoine et de la Baume. 150,000

Réfection de la conduite des Pomets. . . . 5,000

Travaux divers et imprévus 150,000

Réserve pour indemnités. 25,000

Réserve pour l'acquisition des moulins si elle est nécessitée par l'exécution des projets. 660,000

Réserve pour le cas d'une indemnité à payer à la Société du Ragas. 600,000

Frais d'ingénieurs et de surveillance (le 4 % de la dépense) 132,000

Frais d'administration pendant la construction fixée à deux ans et la première année de l'exploitation, à raison de 15,000 fr. par an. 45,000

Intérêt du capital engagé au 6 % pendant cette même période. 232,000

Frais de banque et d'émission pour la formation du capital en actions 291,000

Total.	4,000,000 fr.

Il faut déduire de suite de cette somme de quatre millions de francs :

1° Payé en moins pour l'achat des moulins et du Ragas . . . . 600,000 fr.

2° Intérêts à 6 % pendant 3 ans sur ces 600,000 fr. 108,000

3° Diminution des frais d'ingénieurs et de surveillance (le 4 % de la dépense), la dépense se trouvant diminuée des susdits 600,000 fr. 24,000

A Reporter.	732,000 fr.	4,000,000 fr.

REPORT. . . . . 732,000 fr.   4,000,000 fr.

4° Frais de banque et d'émission pour la formation du capital
en actions, ces frais n'étant pas
nécessaires puisque la Compagnie
générale des eaux, substituée à
M. Martini, est une Société existante dont le capital en actions
est formé depuis longtemps et   1,023,000
puisque si la Ville s'était chargée
des travaux, elle n'aurait pas eu
à former une Société en actions,
mais seulement à faire un emprunt dont l'amortissement eût
été compris dans l'intérêt à servir.   291,000 fr.

L'évaluation des dépenses doit donc être ré-
duite à . . . . 2,977,000 fr.

Et encore il est naturel de supposer que M. Martini a fait
son évaluation plutôt forte que rigoureusement exacte ; le
soumissionnaire, en traitant avec la Municipalité, n'avait
point intérêt à laisser croire que ses charges seraient légères.

Mais il y aurait encore d'autres réductions à faire subir à
la somme à laquelle nous avons ramené l'évaluation des dépenses :

D'abord il faudrait défalquer le revenu que donneront les
moulins pendant qu'ils seront encore loués comme usines à
farine, c'est-à-dire, tant que les travaux de dérivation des
eaux de Dardennes seront à exécuter ou en exécution et que,
par conséquent, l'eau continuera à couler comme aujourd'hui
dans le Béal, et, lorsque le Béal cessera de couler, le revenu,

amoindri mais permanent, que continueront à donner les bâtiments et terrains vendus par la Société des Moulins;

Ensuite il faudrait défalquer encore la part de dépenses afférente à la canalisation destinée à conduire 2,440 mètres cubes d'eau à La Seyne, canalisation qui n'aurait pas à être faite si toute l'eau avait été réservée pour le terroir des Toulonnais, mais dont l'avant-projet Martini a compris l'exécution dans l'évaluation des dépenses, puisque donner de l'eau à La Seyne était une condition à laquelle les soumissionnaires devaient se conformer.

Ces défalcations représenteraient un total de réductions très important; mais afin de raisonner sur un chiffre rond, nous allons, nous-mêmes, forcer l'évaluation et la porter au chiffre exagéré de trois millions de francs.

Pour amortir de tels débours, pour en tirer non-seulement l'intérêt ordinaire de l'argent, mais encore un bénéfice rémunérant largement les peines et soins, les éléments de gain de l'entreprise sont *immédiatement* certains et considérables. Ils consistent en effet, de prime abord et comme nous l'avons établi au cours de ce travail, dans l'énorme quantité d'eau potable déjà toute trouvée, déjà existante sans recherche à faire, dont la libre exploitation contre argent est abandonnée par notre Municipalité à la Compagnie concessionnaire.

Nous avons été très en dessous de la vérité en prenant, au cours de ce travail, le chiffre de 16,700 mètres cubes pour l'eau potable déjà existante, car dans sa proposition M. Martini s'engageait à dériver de *la rivière seule de Dardennes* la quantité d'eau potable capable de desservir les communes de Toulon et de La Seyne, sur la base de 200 litres par jour et par habitant, ce qui, à 82,200 habitants, représente déjà *16,440 mètres cubes*, et, dans son avant-projet, il a indiqué le canal d'adduction des eaux à dériver de la rivière de Dardennes (Foux ou Ragas), comme devant avoir un débit de

200 litres par seconde ou soit de 17,000 mètres cubes environ.

Adoptons le chiffre le plus faible. . . . . 16,440$^{m/c}$

Joignons-y les 3,741 $^{m/c}$ fournis *au minimum*
par les sources de la Baume, de Saint-Antoine, etc.   3,741

Nous avons un total de. . . . . 20,181$^{m/c}$

Défalquant de ce total les 4,300 $^{m/c}$ à fournir
gratuitement par le concessionnaire aux services
publics à Toulon   4,300

La quantité restant disponible contre argent
est de. 15,881$^{m/c}$

qui, à 60 fr. le mètre cube, donnent par an l'énorme somme
de *neuf cent cinquante-deux mille huit cent soixante francs*,
tandis que, au début de ce travail, avant que l'avant-projet
Martini eût passé sous nos yeux, nous avions établi à 12,400
mètres cubes seulement la quantité d'eau potable devant
rester disponible contre argent et à 744,000 francs seulement
le produit annuel de la vente de cette eau.

En utilisant les mêmes sources d'eau potable que son
concurrent, l'autre soumissionnaire, M. Devilliers, offrait de
distribuer l'eau potable, non pas à raison de 200 litres seulement, mais à raison de *deux cent vingt litres* par jour et par
habitant tant à Toulon qu'à La Seyne, ce qui donne un total
de 18,084 mètres cubes, total encore supérieur de *mille trois
cent quatre-vingt-quatre mètres cubes* à la quantité primitivement indiquée par nous.

La Compagnie générale des eaux s'étant substituée à M.
Martini a adopté, par conséquent, les éléments de la proposition de ce soumissionnaire et nous devons donc, à notre
tour, adopter les chiffres de M. Martini, c'est-à-dire, 15,881
mètres cubes d'eau potable à vendre, pendant au moins 60
ans, au prix moyen de 60 fr. le mètre cube et donnant un

produit annuel de 952,860 francs que nous allons ramener au chiffre rond de 940,000 fr. pour tenir compte de quelques concessions à servir gratuitemnt à des particuliers par suite des servitudes indiquées à l'article 11 du Traité.

Cette quantité de mètres cubes d'eau potable dont la Compagnie concessionnaire va disposer contre argent pourra encore être augmentée de toutes les réductions en eau gratuite prévues par les deux derniers paragraphes de l'article 10 du Traité, déductions dont nous ne pouvons actuellement parler que pour mémoire, mais dont le Traité n'aurait pas fait mention si elles n'avaient pas dû être réalisées un jour. Nous persistons à croire aussi que le débit moyen des sources de la Baume, de Saint-Antoine, etc., est supérieur à 3,741 métres cubes.

On voudra nous objecter sans doute que si la Compagnie concessionnaire s'est engagée à livrer gratuitement par 24 heures :

    1° A la ville, par l'article 10 . . . . $3,700^{m/c}$

    2° Aux établissements de l'Etat, par l'article 12.   450

    Elle s'est engagée aussi, par l'article 13, à laisser couler *au maximum*, dans les ruisseaux de la ville, jusqu'à l'établissement des bouches sous trottoirs   3,500

Ce qui porterait la quantité d'eau livrée gratuitement à. . . . . $7,650^{m/c}$
et non pas à 4,300 mètres cubes, comme nous l'avons dit au cours de ce travail, et ce qui affaiblirait d'autant la quantité d'eau dont la Compagnie pourrait disposer à titre onéreux.

Cette objection n'est malheureusement pas admissible.

D'abord, l'article 10 du Traité ne dit pas quelle sera la quantité d'eau fournie au sept fontaines monumentales dont une, celle du rond-point du boulevard du Littoral n'existe qu'à l'état de projet embryonnaire; il ne dit pas non plus pendant combien d'heures sur 24 heures couleront ces fontaines.

Il ne dit point quelle sera en réalité la quantité d'eau réservée aux fontaines de puisage qui toutes deviendront *intermittentes.*

Il n'indique point quelle sera la quantité d'eau à fournir aux bouches sous-trottoirs.

Cet article se borne à dire que lorsque les bouches sous-trottoirs auront été établies, *le volume d'eau qui devra être délivré gratuitement à la ville par la Compagnie concessionnaire ne pourra, dans aucun cas, excéder un débit total de 3,700 mètres cubes par 24 heures et que ce volume pourra diminuer par certaines réductions.*

L'article 13 dit bien que la Compagnie laissera couler, au *maximum,* 3,500 mètres cubes par 24 heures dans les ruisseaux de la ville, *mais il n'indique pas de minimum!*

Pour laisser couler dans les ruisseaux, la Compagnie concessionnaire aura donc tout le survers des fontaines monumentales, des lavoirs publics, des urinoirs, des fontaines alimentant les établissements publics et de la plupart des fontaines des maisons particulières, survers ne pouvant aller ailleurs qu'aux ruisseaux ; elle aura toute l'eau destinée un jour aux bouches sous-trottoirs.

Cette eau des bouches sous-trottoirs, M. le Maire Dutasta, dans la séance du Conseil municipal du 27 octobre 1882, l'a évaluée à mille mètres cubes pour les faubourgs seulement.

Voici, en effet, comment s'exprime le compte-rendu de cette séance :

— M. le Maire dit : « ..... Nous avons réclamé et obtenu « des concessions importantes..... les principales sont les « suivantes :

« 1°..... 2° l'eau nécessaire au service des bouches sous-« trottoirs sera fournie gratuitement par la Compagnie, non-« seulement dans la ville, mais dans les faubourgs, alors

« que, dans le projet primitif, cette eau, dont le volume est
« de mille mètres cubes par jour, devait être payée par la
« ville. »

Le volume d'eau pour les bouches sous-trottoirs des faubourgs étant de mille mètres, il sera au moins d'autant pour
les bouches sous-trottoirs de la ville. Si donc ces deux volumes ne sont pas consommés par les bouches sous-trottoirs,
quelle faveur la Compagnie concessionnaire fera-t-elle en les
laissant couler dans les ruisseaux? — Aucune.

De plus, tant que la Compagnie concessionnaire n'aura pas
terminé ses travaux de retenue et de canalisation pour les
eaux de la vallée haute de Dardennes, elle continuera à
laisser couler ces eaux dans le Béal, ne serait-ce que pour
actionner, pendant ce temps, les moulins qui sont actuellement sa propriété, et alors ces eaux arriveront tout naturellement jusqu'aux ruisseaux de la Ville, la Compagnie concessionnaire n'ayant pas à les employer autrement.

Mais nous pouvons être certains que le jour où la Compagnie aura bénéfice à employer autrement ces eaux, les
bouches sous-trottoirs seront établies, ce qui, d'ailleurs, est
à désirer, car cela devra coïncider forcément avec un enlève-
ment des immondices mieux fait qu'actuellement et avec un
arrosage ou lavage des rues mieux exécuté qu'avec les
tonneaux ambulants.

Donc l'article 13 fait absolument double emploi avec l'article 10 et nous pouvons sans crainte calculer les résultats de
l'entreprise sur le revenu brut de *neuf cent quarante mille
francs par an.*

Mais, avant d'aborder ce calcul, ne lâchons pas encore le
fameux article 10 et, quoique nous devions examiner dans
une autre partie de ce travail, les prétendues concessions importantes que M. le Maire Dutasta a dit avoir obtenues de la
Compagnie générale des eaux dans le Traité définitif, faisons

encore un emprunt au compte-rendu de la séance du Conseil municipal du 27 octobre 1882 :

« — M. le Maire dit : ..... Nous avons réclamé et obtenu « des concessions importantes..... Les principales sont les « suivantes :

« 1°..... 2°..... 3° La quantité d'eau mise gratuitement, « chaque jour, à la disposition de la Ville, pour les services « publics, ne sera plus seulement de 2,700 mètres cubes, « comme l'indiquait le projet, mais de 3,700 mètres cubes. »

Ces paroles de M. le Maire Dutasta pourraient faire croire que l'on a obtenu sur les conditions du cahier des charges accepté par M. Martini, le vrai soumissionnaire et le vrai concessionnaire, un bénéfice de mille mètres cubes d'eau gratuite, en traitant définitivement avec la Compagnie substituée au dit M. Martini : eh bien ! il n'en est rien.

L'article 22 du cahier des charges disait :

« La Compagnie sera tenue de fournir gratuitement les « volumes d'eau potable indiqués ci-après :

« 1° Aux établissements publics (Marine, Guerre, Artil- « lerie, Département). . . . . 1,160$^{m/c}$ par jour.

« 2° Aux propriétaires qui ont des conces- « sions gratuites pour cause de servitudes, « 126 litres 72 par minute, ou soit. . . . . . 182 —

« 3° A la Ville.

« 1° Aux fontaines monumentales 500$^{m/c}$

« 2° Pour mémoire, à 200 fontaines « de puisage débitant à robinet ou- « vert 15 litres par minute . . . . . »

« 3° A la fontaine des Pommets. . 16

« 4° Aux lavoirs publics 250   1,551 —

« 5° Aux urinoirs. 115

« 6° Aux latrines publiques. . . . 20

« 7° A divers établissements com- « munaux (hôtel-de-ville, théâtre, « écoles, etc.) 650

« TOTAL (sans comprendre les 200 fontaines « de puisage). . . . . 2,893$^{m/c}$ p. jour. »

Et l'article 23 du même cahier des charges disait :

« D'après l'article précédent le total d'eau potable concédée
« gratuitement à la Ville par la Compagnie ne pourra excéder
« le volume de 2,700 mètres cubes, *non compris celui néces-*
« *saire au fonctionnement de 200 fontaines de puisage.* »

(2,700 mètres cubes au lieu de 2,893, la différence étant
sans doute pour les concessions particulières à servir gratuitement pour cause de servitudes.)

Et l'article 26 du même cahier des charges disait encore :

« La Compagnie s'engage, en outre, à déverser dans les
« ruisseaux de la ville une quantité d'eau égale à celle qu'ils
« reçoivent actuellement. »

Et l'article 27 du même cahier des charges disait encore :

« Dans le cas où la Ville voudrait établir des bouches
« sous-trottoirs, l'eau nécessaire pour 2 ou 3 arrosages, par
« jour, suivant les saisons, sera fournie gratuitement par la
« Compagnie pour toutes les bouches sous-trottoirs situées
« dans l'enceinte de l'ancienne ville, actuellement arrosée par
« les eaux du Béal. »

Donc, d'après le cahier des charges auquel M. Martini se
conformait dans ses propositions, le concessionnaire devait
donner gratuitement à la Ville 2,700 mètres cubes, sur lesquels, il est vrai, devait être pris le volume à concéder aux
établissements de l'Etat, *mais auxquels, en revanche, venaient*
s'ajouter l'eau nécessaire au fonctionnement de 200 fontaines
de puisage, l'eau à déverser dans les ruisseaux de la ville en
quantité égale à celle que ces ruisseaux recevaient à l'époque
où le cahier des charges était dressé et l'eau nécessaire aux
bouches sous-trottoirs dans l'enceinte de l'ancienne ville !

Et remarquons que le cahier des charges accepté par M.
Martini ne disait point que l'établissement des bouches sous-
trottoirs dispenserait le concessionnaire de l'exécution de
l'article 26, c'est-à-dire, de déverser de l'eau dans les ruis-

seaux, tandis que le Traité définitif dispense la Compagnie générale des eaux d'exécuter cette charge en cas d'établissement des bouches sous-trottoirs.

Nous avons vu que M. le maire a évalué à mille mètres cubes par jour l'eau nécessaire pour les bouches sous-trottoirs des faubourgs. Il en faudra certainement *au moins* autant pour les bouches sous-trottoirs de l'ancienne ville. De ce chef c'est donc, *au minimum*, mille mètres cubes par jour que M. Martini s'était engagé à fournir gratuitement.

M. le conseiller Gaune, dans la séance du Conseil municipal du 26 novembre 1880, (Bulletin municipal n° 16, page 447,) disait que, dans le cahier des charges présenté par la Commission des eaux au Conseil, la Ville demandait à la Compagnie concessionnaire 14,520 mètres pour :

1° Diverses concessions. . . . . 2,700$^{m/c}$
2° 200 bornes-fontaines 4,320
3" Béal ou bouches sous-trottoirs 7,500

TOTAL ÉGAL. . . . . 14,520$^{m/c}$

200 fontaines de puisage au petit débit de 15 litres à la minute donnent bien 4,320 mètres cubes. De ce chef encore c'est donc 4,320 mètres cubes que M. Martini s'était engagé à fournir gratuitement pour les bornes-fontaines en plus des 2,700 autres mètres cubes et sans compter l'eau à déverser dans les ruisseaux ou à fournir aux bouches sous-trottoirs.

Nous ne voyons donc pas en quoi consiste l'augmentation de volume d'eau gratuite que M. le Maire Dutasta prétend avoir obtenue. Nous voyons, au contraire, fort bien les les énormes quantités qu'il a obtenues en moins.

En effet, le Traité définitif a tout d'abord retranché 710 mètres cubes des 1,160 mètres cubes qui, d'après le cahier des charges dressé par le Conseil, devaient être fournis gratuitement aux établissements de l'Etat, car l'article 12 de ce Traité est ainsi conçu :

« Les établissements de l'Etat pourront continuer à jouir
« aux conditions actuelles du volume d'eau que la Ville leur
« sert actuellement à titre gracieux, soit environ 450 mètres
« cubes. La Compagnie devra tenir gratuitement à la dispo-
« sition de la Ville cette quantité d'eau pour cet usage. »

Donc, puisque ce n'est que 450 mètres cubes en faveur des établissements de l'Etat qu'en réalité il y avait à défalquer des 2,700 mètres cubes que, pour diverses concessions, M. Martini devait fournir gratuitement, l'engagement de M. Martini mettait, à titre gratuit, à la disposition de la Ville :

2,450 mètres cubes sur les susdits 2,700,
1,000 —   — pour les bouches sous-trottoirs,
4,320 —   — pour 200 fontaines.
_____
7,770 mètres cubes, toujours sans compter l'eau à déverser par le concessionnaire dans les ruisseaux en quantité égale à l'eau amenée par le Béal.

Tandis qu'il résulte de la prétendue concession par M. le Maire Dutasta dans l'article 10 du Traité ceci :

Lorsque les bouches sous-trottoirs seront établies, la Com-pagnie n'aura, EN AUCUN CAS, à donner gratuitement à la Ville un seul litre en plus de 3,700 mètres cubes, y compris l'eau nécessaire aux bouches sous-trottoirs et à l'alimentation de 200 fontaines de puisage; il est, au contraire, prévu que des réductions pourront se produire.

L'article 10 est nettement rédigé en ce sens et ne nous paraît pas pouvoir recevoir une autre interprétation.

3,700 mètres cubes! voilà donc absolument tout ce que notre Ville recevra gratuitement en échange de la mine d'or livrée par elle pour plus de 60 ans à l'exploitation de la

Compagnie concessionnaire! 3,700 mètres cubes seulement pour desservir 7 fontaines monumentales, 200 fontaines de puisage, la fontaine des Pommets, 10 lavoirs publics, 104 places d'urinoir, 10 latrines publiques, l'Hôtel-de-Ville, le Grand-Théâtre, le Lycée national, les abattoirs, les hospices civils, le Bureau de Bienfaisance, le Jardin public, les édifices religieux, les écoles et les salles d'asile, la Bibliothèque et le Musée, les postes de police, les postes des pompiers, la Justice de Paix, les fourneaux économiques, divers autres services et les bouches sous-trottoirs de la Ville et des faubourgs! (Voir l'article 10 du Traité définitif.)

Mais à quel débit insuffisant sera-t-on obligé de réduire les fontaines de puisage! Malheur à qui ne pourra pas payer une concession d'eau!

Encore une concession de ce genre obtenue par M. le Maire et par M. le conseiller Gaune et ceux d'entre les Toulonnais qui n'auraient pas les moyens d'acheter de l'eau, en seraient réduits un jour à aller boire à La Seyne.

Nous montrerons plus loin par quelles concessions importantes et réelles faites à la Compagnie générale des eaux M. le Maire Dutasta a payé l'obtention de la chimérique concession que nous venons d'examiner : mais arrivons enfin à calculer les résultats financiers de l'entreprise, résultats que nous avons basés sur un revenu brut de 940,000 francs par an, alors que nous prenions pour éléments de notre calcul les 15,881 mètres cubes dont la Compagnie concessionnaire devait, d'après les documents officiels, avoir la libre exploitation contre argent.

Nous avions, dès le début de ce travail, adopté pour le débit à l'étiage de la source de La Foux-Ragas non pas les 7,500 mètres cubes indiqués dans le cahier des charges; mais le débit de 150 litres à la seconde, ce débit étant celui que de nombreux et scrupuleux jaugeages ont toujours indiqué

et que, pour ce motif, M. Noël Blache, notre éminent
Conseiller général, a mentionné dans un de ses rapports;
nous avions, au contraire, faute de meilleurs renseignements,
accepté le chiffre de 3,741 mètres cubes pour le débit des
sources de la Baume, des Pommets, de Saint-Antoine et de
Saint-Philip. Eh bien! voilà qu'aujourd'hui on nous fournit
un document officiel qui porte à *dix mille quatre-vingts
mètres cubes* le débit à l'étiage des trois sources de la Baume,
de Saint-Antoine et de Saint-Philip : c'est le rapport rédigé
en 1852 par une Commission communale composée de cinq
Conseillers municipaux.

Cette Commission recherchait : 1° quelle était la puissance
de nos sources d'eau potable ; 2° quelle était la quantité d'eau
réellement amenée en ville ; 3° quelles étaient les causes ma-
térielles des pertes d'eau et quels étaient les moyens d'y
remédier.

« Le calibrage des eaux, disait cette Commission, a été
« fait dans les jours de l'étiage, c'est-à-dire, à l'époque des
« plus basses eaux : les trois sources d'eau potable dites de
« Saint-Antoine, de Saint-Philip et de la Baume donnent à
« leur origine *plus de 7,000 litres d'eau à la minute.* » Et la
Commission constatait que le mauvais état d'entretien du
canal d'adduction des eaux de ces sources causait sur le
parcours une perte d'environ 3,000 litres par minute.

Le mauvais état du canal d'adduction n'ayant plus à être
mis en cause, puisque la Compagnie concessionnaire abandonne l'ancienne canalisation, c'est donc, au dire de la Commission communale de 1852, dix mille mètres cubes au
minimum que fourniraient à leur débit initial, à l'étiage, les
trois sources de la Baume, de Saint-Antoine et de Saint-
Philip et qu'aurait à utiliser la Compagnie concessionnaire.
Cette quantité excède de plus de 6,000 mètres cubes la

quantité indiquée par la Commission qui, en 1880, a dressé le cahier des charges !

Ce n'est donc plus 940,000 francs qui représenteraient la valeur dont la Compagnie concessionnaire disposerait en eau potable, mais l'énorme somme annuelle de *un million trois cent mille francs !*

La dépense d'établissement étant, en forçant les chiffres, de trois millions, la Compagnie aura à retirer :

1° L'intérêt au taux industriel, soit 10 p. %, de ces trois millions. . . . . 300,000 fr.

2° L'intérêt à 5 %, de la même somme pour amortir en 14 ans, par le cumul, le capital engagé 150,000

3° Les frais annuels d'administration : M. Martini pour la période la plus chargée, celle de l'exécution des travaux, portait ces frais à 15,000 fr. par an ; pour parer à toute éventualité augmentons-les d'un quart, soit donc . . . 20,000

$$\overline{}$$

470,000 fr.

En retranchant ces 470,000 francs il restera encore une somme énorme sur laquelle il n'y aura qu'à prélever l'entretien annuel des travaux et que la mince part à verser dans la Caisse municipale. Comme on le voit, après avoir prélevé ses frais d'administration et un premier bénéfice de 15 %, la Compagnie aura encore une immense marge. D'ailleurs, au bout de 14 ans, les 150,000 francs réservés à l'amortissement du capital engagé redeviendront un bénéfice net. De plus les réductions prévues par l'article 10 donneront aussi un bénéfice que nous ne pouvons calculer, pas plus que nous ne pouvons calculer le bénéfice que se réserve la Compagnie dans les fournitures des compteurs, la pose des prises d'eau sous-trottoirs, des prises d'eau sous la voie publique, dans les réparations des prises d'eau, etc., etc., toutes choses à payer par les abonnés et dont la Compagnie aura aussi le monopole.

Si donc les actionnaires de la Compagnie concessionnaire n'étaient pas contents du traité passé par leur Directeur général avec la ville de Toulon, c'est qu'ils seraient insatiables. Nous doutons que cette Compagnie ait fait beaucoup d'affaires aussi splendides : on ne trouve pas souvent à traiter avec des Municipalités de la force de celle de Toulon. — Et si les Toulonnais sont satisfaits, c'est qu'ils sont taillables et corvéables à merci.

On ne peut le nier, administrativement et financièrement, le traité que nous venons d'examiner est une déplorable affaire. C'est, par des sacrifices très lourds et sans nécessité, que la communauté des Toulonnais paiera l'extension de la distribution des eaux potables.

Certainement il fallait, puisque cela était possible, mieux distribuer que par le passé l'eau appartenant à l'universalité des habitants de notre commune ; il fallait en faire jouir un plus grand nombre, mais nous croyons avoir démontré que cela était facilement et avantageusement exécutable à d'autres conditions ; que cela était faisable sans nuire à personne, en soulageant nos finances municipales, en diminuant nos charges et en ne nous forçant point à payer un tribut excessif, une véritable rançon à une Compagnie financière qui, en échange de l'exploitation à beaux deniers comptants de nos eaux potables, en échange de notre sujétion à son monopole et à sa police, ne nous apporte pas un litre d'eau de plus que nous n'en avions et ne nous garantit point l'adduction de l'eau industrielle et de l'eau d'irrigation périodique.

Mais ce n'est pas tout : quoique l'affaire ne fût pas bonne, elle eût été moins mauvaise si on avait transformé en traité définitif les propositions de M. Martini qui, *après appel public à la concurrence,* avait été déclaré concessionnaire. Nous verrons dans la 2ᵉ partie de ce travail de quelle manière désavantageuse notre Municipalité, *sans nouvel appel à la concurrence,* a consenti à modifier les propositions de M. Martini, lorsqu'à ce dernier la Compagnie générale des eaux s'est substituée pour passer le traité définitif.

FIN DE LA 1ʳᵉ PARTIE

DEUXIÈME PARTIE

En nous appuyant sur des documents et des chiffres officiels, nous avons, croyons-nous, suffisamment démontré
dans la première partie de ce travail que, administrativement
et financièrement, le traité passé avec la Compagnie générale
des eaux est une déplorable affaire et que c'est, en résumé,
par des sacrifices très lourds et nullement nécessaires que la
communauté des Toulonnais paiera l'extension de la distribution des eaux potables ; mais, pour édifier plus complètement le lecteur sur les agissements de notre Municipalité
actuelle dans une circonstance aussi importante, nous allons
maintenant démontrer, preuves en mains, que cette Municipalité, lorsqu'elle a eu accepté les propositions et les engagements publics d'un des soumissionnaires, M. Martini, a
consenti en transformant ces propositions et ces engagements en un traité définitif avec la Compagnie générale des
eaux, a consenti, disons-nous, à modifier ces propositions et
ces engagements dans un sens plus favorable au concessionnaire et plus défavorable à un grand nombre d'intérêts toulonnais, *sans faire un nouvel appel à la concurrence et sans
obtenir, en échange de ces modifications, aucun avantage
proportionnel.*

Le 10 décembre 1880, M. le maire Dutasta arrêtait et
signait les 100 articles d'un projet de cahier des charges pour

la distribution des eaux potables et d'irrigation dans la commune de Toulon par l'industrie privée, tous articles adoptés par le Conseil municipal dans ses séances des 17 septembre, 10, 12, 17, 19, 26 novembre, 1ᵉʳ, 3, 8 et 10 décembre 1880.

Le centième article de ce cahier des charges se terminait par ces lignes essentielles : « *La ville traitera avec celui des* « *concurrents qui, en faisant à la ville les meilleurs avan-* « *tages, se rapprochera le plus des conditions posées dans le* « *présent cahier des charges.* »

Le 5 janvier 1881, M. le Préfet du Var visait et approuvait ces cent articles dont la copie certifiée conforme par M. le maire Dutasta était livrée à l'impression et répandue dans le public à une multitude d'exemplaires.

A la date du 24 janvier 1881, des affiches imprimées, signées par M. le maire Dutasta, annonçaient que le Conseil municipal de Toulon avait décidé de traiter pour la concession de la distribution et de la vente des eaux potables et d'irrigation dans la ville et le territoire de la commune, et qu'à cet effet un cahier des charges, dûment approuvé par M. le Préfet du Var, était déposé au secrétariat de la Mairie..... Et le contenu de ces affiches se terminait par les mêmes lignes que le 100ᵉ article du cahier des charges : « *La ville traitera* *avec celui des concurrents qui, en faisant à la ville les meil-* *leurs avantages, se rapprochera le plus des conditions posées* *dans le cahier des charges.* »

Donc le public était bien prévenu : pour être choisi comme concessionnaire il fallait, non-seulement offrir les meilleurs avantages à la ville, mais encore se rapprocher le plus possible des conditions posées dans un cahier des charges arrêté et signé par M. le maire, adopté par le Conseil municipal, visé et approuvé par M. le Préfet.

Six mois après le placardement des affiches, c'est-à-dire le

25 juillet 1881, deux concurrents présentent leurs propositions au Conseil municipal : MM. Devilliers, ingénieur civil,
et Martini, rentier à Hyères.

En septembre, une commission municipale examine les
projets des deux concurrents et se rend sur les lieux indiqués par eux, pour l'établissement de leurs barrages et de
leurs prises d'eau.

On pourrait croire que pour juger des questions aussi
importantes et aussi techniques, cette commission n'a pas
manqué de s'adjoindre des hommes spéciaux, des ingénieurs
hydrauliciens, des ingénieurs des Ponts-et-Chaussées, des
géologues, etc., il n'en a pas été ainsi, et MM. Gaune,
Ambard, Duret, Guiol et Michel, ont trouvé qu'ils avaient
en eux, étant conseillers municipaux, toute la capacité et
toute la compétence nécessaires et suffisantes pour prendre
une telle responsabilité et ils ont condamné *scientifiquement*
les propositions de M. Devilliers, et le 17 octobre 1881, pro-
posé au Conseil municipal d'accepter M. Martini comme
concessionnaire, *modifiant légèrement*, disaient-ils, *certaines
conditions qui ne changeraient pas l'esprit du Traité et ne
nuiraient pas au soumissionnaire.*

L'une de ces modifications, que la commission traitait de
légères et sur lesquelles nous reviendrons en détail plus
loin, constituait cependant, en faveur du concessionnaire, un
tel changement dans les conditions du cahier des charges
que ce changement aurait dû suffire pour nécessiter un
nouvel appel à la concurrence. Cette modification si essentielle, si grave dans ses conséquences et si favorable au
concessionnaire, c'était la suppression de la cession de la
source de La Foux et la suppression de l'article 35 du cahier
des charges, article faisant obligation au concessionnaire de
conserver dans le béal existant, pour le service des moulins
et des usagers actuels, une quantité d'eau au moins égale à

la moyenne du débit du béal, c'est-à-dire 7,500 mètres cubes par jour et sans interruption; mais, faisons-le bien remarquer de suite, ni l'article 36, ni l'article 37 du dit cahier des charges n'étaient alors supprimés, articles obligeant le concessionnaire à fournir gratuitement à la commune du Revest et à quelques riverains du Béal, à certains jours de la semaine, l'arrosage par les eaux de ce canal, et le concessionnaire restait toujours tenu, d'ailleurs, à conserver dans le béal communal, à partir du barrage projeté par M. Martini, l'eau nécessaire à l'irrigation et à la propreté de la ville. (*Rapport de M.* GAUNE *du 17 octobre 1881.*)

Les autres modifications beaucoup moins importantes et constituant un certain avantage, plus apparent que réel, en faveur de la ville, portaient principalement sur quelques conditions relatives à l'eau d'irrigation : entr'autres choses, on fixait à 800 hectares, au lieu de 1,000 hectares, le montant des souscriptions nécessaires pour commencer les travaux d'irrigation et on admettait que les souscriptions pourraient être prises aussi pour des terrains à irriguer dans d'autres communes.

Les autres clauses et conditions du cahier des charges, adopté le 10 décembre 1880 par le Conseil municipal et qui avait été rendu public pour faire appel à la concurrence, ces autres clauses et conditions, disons-nous, étaient maintenues et M. Martini s'engageait à les exécuter.

Cela ayant été décidé le 12 décembre 1881, M. Martini fut alors déclaré concessionnaire provisoire par la majorité du Conseil municipal, majorité composée de 17 membres sur 29 présents, ou soit de MM. DUTASTA, MARIA, AMBARD, TOUZET, GILETTE, DURET, CANCELIN, BONET, GUIOL, GOVIN, MICHEL, CASTEL, TARADEL, RIEUX, LAURENS, ALLÈGRE et GAUNE.

Rendons justice à MM. LAVÈNE, PONTEIL, BOYER, MATHÉOND,

Décugis, Beauvais, Augias et Maurice qui ont voté alors contre le projet Martini et pour le projet Devilliers.

Rendons surtout plus énergique justice à M. Marnata qui, *seul*, a voté contre les deux projets.

Quant à MM. Duthoit, Porcio et Bressous, ils se sont abstenus, ce qui a été une singulière manière de prendre position dans une affaire aussi importante.

Etaient absents : MM. Cordouan, Lanquine, Aquarone et Cayol.

Plus tard, à un jour que nous ne pouvons préciser, M. Martini s'est substitué la Compagnie générale des eaux.

Appel à la concurrence ayant été fait sur les bases d'un cahier des charges rendu public, pouvait-on, le 12 décembre 1881, accepter M. Martini comme concessionnaire, en introduisant, dans les propositions et engagements déposés par lui le 24 juillet précédent, des modifications aussi profondes et aussi avantageuses pour lui que celles résultant de la suppression de la cession de la source de La Foux et de l'article 35 du cahier des charges ?

A *fortiori*, lorsque la Compagnie générale des eaux s'est substituée à M. Martini, les charges et conditions acceptées par ce dernier ne liaient-elles pas absolument la Compagnie, à laquelle il avait rétrocédé son traité et, *sans nouvel appel à la concurrence*, la Municipalité pouvait-elle faire, avec la Compagnie générale des eaux, un contrat qui, sans compensation, a profondément modifié, au bénéfice de cette Compagnie, les engagements de M. Martini ?

En effet, le Traité définitif offre de telles différences qu'on peut dire que dans l'article centième du cahier des charges du 10 décembre 1880 et dans les affiches qui, en janvier 1881,

ont fait appel à la concurrence, la Municipalité aurait dû insérer ceci :

« *La ville traitera avec celui des concurrents qui, en faisant à la ville les moins bons avantages, s'écartera le plus des conditions posées dans le cahier des charges.* »

Du 12 décembre 1881 il faut arriver au 21 avril 1882 pour trouver dans le Bulletin municipal n° 50, la délibération du Conseil municipal, dans laquelle a été présenté, discuté et accepté le traité intervenant entre la Municipalité et la Compagnie générale des eaux, traité qui a été signé le 26 du même mois.

Si déjà, le 12 décembre 1881, les propositions et engagements de M. Martini avaient été modifiés, combien ces propositions et engagements n'ont-ils pas subi de changements pendant les cinq mois de leur mise en nourrice dans le sein de la Commission des eaux! Ces changements sont tels, que nous répondons NON aux trois questions suivantes :

Le Traité avec la Compagnie générale des eaux est-il conforme au cahier des charges primitif?

— Est-il conforme au traité Martini?

— Est-il aussi ou plus avantageux aux toulonnais que le traité Martini?

Et nous sommes d'autant plus autorisés à répondre NON à ces trois questions que le Conseil municipal qui, le 21 avril 1882, a consacré seulement *la moitié d'une seule séance* à l'examen et à l'adoption de ce traité définitif, après l'audition d'un rapport de M. Gaune parlant au nom de la Commission des eaux, a décidé *qu'il n'y avait pas lieu de faire imprimer ce rapport, les modifications apportées au cahier des charges primitivement voté étant fort claires et ne constituant que des améliorations sur les articles précédemment adoptés.* (Bulletin municipal n° 50, page 169.)

Et non seulement le rapport de M. Gaune ne fut pas, chose étrange, livré à l'impression, mais encore le Bulletin municipal n° 50, dans lequel nous avons enfin pu le lire, a été imprimé nous n'avons jamais pu savoir à quelle époque, car il a été absolument introuvable pour nous, jusque dans le courant de l'été dernier, tandis que nous avions trouvé très facilement les numéros précédents et les numéros suivants.

Vainement, dans cette séance du 21 avril 1881, M. Marnata avait-il demandé avec insistance l'impression du rapport de M. Gaune, disant que l'on était en présence de chiffres et que ces chiffres avaient à être vérifiés.

M. le Maire lui avait répondu :

« Aucun chiffre nouveau n'a été introduit dans le cahier « des charges, tous les chiffres qui s'y trouvent ont été véri- « fiés et adoptés par le Conseil. »

Plus loin nous ferons remarquer l'inexactitude de cette affirmation de M. le Maire.

Vainement MM. Marnata, Duthoit, Allègre, Michel, Lavène et Bauvais avaient-ils présenté quelques observations et quelques objections.

« Les divers articles modifiés, mis aux voix un à un, sont « adoptés. L'ensemble du cahier des charges est adopté. »

Ainsi s'exprime le Bulletin municipal n° 50, page 169, sans dire à quelle majorité ces adoptions eurent lieu.

La séance, ouverte à 4 heures 1/2 et dont une grande partie avait été consacrée à d'autres nombreuses affaires relatées au Bulletin, fut levée à 7 heures et c'est de cette manière leste qu'une affaire aussi sérieuse fut conclue par le Conseil municipal, sur la simple audition du rapport de M. Gaune !

Ce rapport que les Conseillers municipaux n'avaient pas
en main, qu'ils n'avaient pas étudié par la lecture, changeait
cependant presque de fond en comble le Traité passé avec
M. Martini sous le spécieux prétexte que la Compagnie générale des eaux avait demandé à diviser les articles du cahier
des charges en plusieurs chapitres pour la facilité de son
exploitation;

La durée de la concession était fixée non plus à 60 ans,
mais à 63 ans;

Il n'était plus fait mention de la somme de 968,000 francs
à laquelle était évaluée la valeur des canaux, machines,
pompes, canalisations en fonte, robinetterie, etc., cédés par
la ville à la Compagnie, non compris la valeur des sources;

En plus de la suppression de la cession de la source de La
Foux et de la suppression de l'obligation pour le concessionnaire de maintenir 7,500 mètres cubes d'eau dans le Béal
pour le service des moulins, les articles 36 et 37 relatifs aux
arrosages gratuits dus à la commune du Revest et à certains
autres riverains du Béal étaient supprimés;

Les propriétaires d'établissements ou maisons s'abonnant
pour l'arrosage de la rue devant leurs immeubles n'avaient
plus droit qu'à deux arrosages par jour, tandis que pour le
même prix M. Martini, conformément au cahier des charges
primitif, donnait trois arrosages;

En plus de l'eau fournie gratuitement à la ville et dont la
quantité avait été déterminée par le cahier des charges, M.
Martini, ne dérogeant pas à l'article 55, s'était engagé à
fournir à la ville *toute l'eau* dont elle pourrait avoir besoin,
soit en eau potable, soit en eau d'irrigation, à moitié prix de
celui payé par les particuliers, tandis que le *cube total* à
fournir obligatoirement par la Compagnie générale des eaux
dans le même cas ne pouvait plus dépasser, y compris les

eaux fournies gratuitement, la moitié du volume imposé à cette Compagnie par l'article 1ᵉʳ du chapitre relatif, dans son traité, à l'eau potable, soit donc 7,000 mètres cubes; il n'était plus question de l'eau d'irrigation à mode continu ou à mode périodique (de sorte que si la ville a besoin d'eau d'irrigation il faudra qu'elle la paie au même prix que les particuliers);

La quantité d'eau à livrer gratuitement à la ville se trouvait réduite à 3,700 mètres cubes en tout, y compris l'eau des bouches sous-trottoirs, y compris l'eau des fontaines de puisage, tandis que M. Martini, comme nous l'avons vu dans la 1ʳᵉ partie de ce travail et comme nous le verrons encore plus loin, s'était engagé à livrer gratuitement des quantités beaucoup plus considérables;

Les fontaines de puisage devenaient *toutes* intermittentes;

On ne devait plus pouvoir puiser de l'eau aux fontaines qu'au moyen de vases d'une capacité de 12 litres au maximum;

L'altitude de la distribution de l'eau d'arrosage à mode continu était augmentée, mais les prix de vente de cette eau subissaient une augmentation de 20 francs sur les prix acceptés par M. Martini;

Les conditions relatives à l'eau d'irrigation périodique étaient profondément modifiées comme nous le verrons mieux plus loin; les indications données par M. Martini sur la provenance de ces eaux et sur les travaux à exécuter étaient supprimées; les périodes d'irrigation ne devaient plus partir du 1ᵉʳ avril de chaque année, mais seulement du 15 avril; la participation de la Compagnie concessionnaire à la dépense de l'adduction de l'eau d'irrigation était limitée absolument à deux millions avec garantie de l'Etat, etc., etc., etc.

Eh bien! ce sont de si profondes et nombreuses modifications que le Conseil n'a pas pris le temps d'examiner à loisir et avec le texte sous les yeux ! Le cahier des charges primitif avait 100 articles et le Conseil municipal avait employé *dix séances* à le discuter ; celui qui lui succédait tout à coup dans cette séance du 21 avril 1882 n'avait plus que 81 articles : cela seul aurait dû suffire pour mettre *à priori* les Membres du Conseil en garde contre tout entrainement. Mais comment oser contrarier Monsieur le Maire !

Cinq jours s'étaient à peine écoulés après cette délibération que déjà elle avait été approuvée par le Sous-Préfet et par le Préfet et que le traité était signé.

Monsieur le maire Dutasta, M. Gaune et la Compagnie générale des eaux étaient arrivés à leurs fins, et pendant un temps le bon public, qui ne pouvait connaitre les détails de cette affaire, se mit à croire que, grâce à ce traité, Toulon allait être doté d'une eau qui n'avait jamais existé et que le Pactole allait couler dans notre terroir.

Mais peu à peu une partie de ce public, d'abord enthousiasmé, conçut des inquiétudes au sujet d'un traité qui, sans compensations suffisantes, faisait la part si belle à la Compagnie générale des eaux, qui nous soumettait pendant 63 ans à un monopole onéreux, excessif et tyrannique et qui sacrifiait à perpétuité les intérêts des Toulonnais aux intérêts des habitants de La Seyne.

Des conseillers municipaux même eurent le courage de trouver que l'enfant de M. Martini, adopté par eux le 10 décembre 1881, était sorti bien changé des conférences intimes survenues entre M. le maire Dutasta, la Commission municipale des eaux, M. le Maire de La Seyne et les représentants de la Compagnie générale des eaux, et ils ne le reconnaissaient plus dans l'enfant que le rapport de M. Gaune et l'habileté oratoire de M. le Maire leur avaient fait si rapidement adopter une seconde fois le 21 avril 1882,

Si bien que le journal le *Petit Var*, dans son numéro du 29 octobre 1882, inséra ceci :

LA QUESTION DES EAUX

Séance du Conseil municipal du vendredi 27 octobre

« Nos lecteurs se rappellent que dans l'avant-dernière « séance du Conseil municipal, M. le Maire a invité ceux de « ses collègues qui croyaient avoir des critiques à présenter « contre le traité passé avec la Compagnie générale des eaux « à vouloir bien les préciser publiquement, afin que la lu- « mière fut faite et que la vérité fut établie. La séance d'hier « soir a été consacrée tout entière à cette importante ques- « tion : Aussi croyons-nous devoir donner à notre compte- rendu tout le développement que comporte ce grave sujet. »

A la suite de cet imposant préambule, huit colonnes du journal ont reproduit certaines parties de la séance du 27 octobre 1882 et notamment les passages de ses discours que M. Dutasta voulait porter à la connaissance du public.

En effet, M. le Maire, qui devait le surlendemain donner à ses paroles la publicité du *Petit Var*, s'est livré en cette cir- constance à toutes les subtilités de sa rhétorique, toujours un peu aidé de M. Gaune, et MM. Mathéond, Maria, Lavène, Bauvais et Marnata se sont fait, malgré eux, les complices de M. Dutasta, en faisant les interpellations qui ont servi de prétexte à son plaidoyer.

Ce plaidoyer était destiné non pas à ces Messieurs du Conseil municipal, mais au bon public du dehors, car à Mes- sieurs les Conseillers, M. Dutasta n'avait à répondre que ceci : « En 1880, vous avez décidé de livrer l'exploitation des « eaux au monopole d'un concessionnaire, consenti à dé- « pouiller les Toulonnais d'une partie de leurs eaux pour la

« donner à perpétuité aux habitants de La Seyne et adopté
« pour cela un cahier des charges ; en 1881 vous avez accepté
« un concessionnaire et consenti une première fois à cer-
« taines modifications du cahier des charges primitif ; en
« avril 1882, vous avez consenti à ce qu'à ce concessionnaire
« un autre fût substitué avec des modifications encore plus
« importantes, qu'elles fussent bonnes ou mauvaises ; en oc-
« tobre 1882 tout est accompli et vous n'avez plus à y reve-
« nir : *Donnez-moi la paix.* »

D'ailleurs, c'est à l'équivalent de ces paroles qu'a abouti,
au-dedans du Conseil, cette fameuse séance, car après que
M. Dutasta eut réduit au silence ses interpellateurs, croyez-
vous que le Conseil ait été appelé à voter sur le bien ou sur
le mal fondé des critiques faites par ces interpellateurs ! Bien
loin de là. Il a été tout simplement appelé à répondre, et il a
répondu par l'affirmative, aux trois questions suivantes :

1° Tous les articles du projet de cahier des charges primitif
ont-ils été, en 1880, soumis au Conseil et votés par lui, article par article ?

2° Toutes les modifications introduites par la Commission
dans le projet primitif ont-elles été, en 1882, soumises au
Conseil et votées par lui une à une ?

3° Le traité passé avec la Compagnie générale des eaux,
qui peut froisser quelques intérêts particuliers, a-t-il été
conçu en vue de l'intérêt général ?

Les deux premières questions rappelaient tout simplement
à la majorité du Conseil ses votes antérieurs.

Quant à la troisième question, nous aurions cru qu'on ne
pouvait en poser de pareilles qu'à des Conseils municipaux
de féerie ou d'opérette bouffe : Le Conseil pouvait-il répondre
qu'il avait accepté le traité passé avec la Compagnie générale
des eaux autrement qu'en vue de l'intérêt général !

Il n'y a pas à s'arrêter davantage à quelque chose d'aussi puéril.

Mais comme on reprochait surtout à M. le maire Dutasta d'avoir accordé par la suppression de la cession de la source de La Foux et par la suppression des articles 35, 36 et 37 des avantages énormes à la Compagnie générale des eaux, avantages préjudiciables à de très nombreux intérêts et qui n'étaient compensés par aucun bénéfice soit au profit des particuliers, soit au profit de la ville, M. le Maire, dans cette séance du 27 octobre 1882, a voulu, pour expliquer et justifier ses agissements, jeter le haro sur quelqu'un et trouver

Le pelé, le galeux, d'où venait tout le mal.

Il a donc jeté le haro sur la Société des Moulins de Dardennes ; il a, en outre, prétendu qu'il avait, en compensation des concessions énormes faites à la Compagnie générale des eaux, obtenu à son tour de la part de cette Compagnie des concessions importantes.

Nous prions instamment les Toulonnais qui nous lisent de vouloir bien nous suivre dans la réfutation des affirmations hardies de M. le maire Dutasta : il faut, comme l'a dit si bien le *Petit Var* dans le préambule que nous avons cité plus haut, que la lumière soit faite et que la vérité soit établie.

L'article 3 du cahier des charges adopté par le Conseil le 10 décembre 1880 livrait à la Compagnie concessionnaire la source de La Foux, comme toutes les autres sources de la ville, mais les articles 35, 36 et 37 apportaient un correctif apparent à cette cession de La Foux. Voici ces articles :

Article 35. — « La Compagnie sera tenue de conserver « dans le béal existant pour le service des moulins et des « usagers actuels, une quantité d'eau au moins égale à la « moyenne du débit du béal, c'est-à-dire 7,500 mètres cubes « par jour et sans interruption.

Art. 36. — « La Compagnie sera tenue de fournir gratui-

« tement à la commune du Revest l'eau d'arrosage qu'elle
« reçoit actuellement, c'est-à-dire toute l'eau du béal, pen-
« dant 24 heures par semaine, du samedi midi au dimanche
« à la même heure. — La Compagnie pourra s'entendre avec
« la commune du Revest pour modifier ces heures d'arrosage,
« à condition toutefois que ces modifications acceptées par
« les industriels qui se servent de l'eau du Béal, soient éga-
« lement acceptées par la ville.

Art. 37. — « La concession gratuite d'eau d'arrosage sera
« conservée, ainsi que cela a lieu aujourd'hui aux riverains
« du Béal, depuis le pont de Dardennes jusqu'au pont des
« Moulins. — Ces concessions gratuites ne sont obligatoires
« pour la Compagnie que si les droits des concessionnaires
« sont prouvés et si elle ne peut se soustraire aux servitudes
« existantes. «

Ces trois articles paraissaient au premier abord une re-
connaissance et un respect des droits et des intérêts des usagers séculaires du Béal. Eh! bien, ce n'était qu'une recon-
naissance et un respect apparents et illusoires !

En effet, la Compagnie concessionnaire était bien obligée
de maintenir dans le Béal une quantité de 7,500 mètres cubes
d'une eau *indéterminée*, c'est-à-dire une quantité d'eau qui
aurait pu suffire à alimenter les ruisseaux des rues de la
ville basse, mais *absolument insuffisante* pour l'arrosage des
terres et pour le fonctionnement des industries établies sur le
parcours du Béal ; et notons qu'il s'agissait seulement de
7,500 mètres cubes pendant tous les jours de l'année, alors
qu'à l'étiage, c'est-à-dire pendant la saison la plus sèche,
pendant les plus basses eaux, le Béal recevait de La Foux
près de 13,000 mètres cubes d'eau par jour ! Or, cette quantité, qui excède de plus de 5,000 mètres cubes les 7,500 que
réservait le cahier des charges, permettait difficilement l'arrosage complet des terres et réduisait au minimum absolu le
travail des usines ; mais cet état de choses, cet étiage ne du-
rait souvent pas deux mois dans l'année et, pendant les dix

autres mois et souvent pendant plus longtemps, les usagers du Béal, usiniers, arrosants, laveurs, etc., profitaient des augmentations d'eau souvent considérables causées par la moindre pluie d'orage ou par les pluies d'automne, d'hiver et de printemps !

C'est pourquoi, au sujet de la désemparation de la source de La Foux et au sujet de la réduction ou de la limitation de l'eau dans le Béal à 7,500 mètres cubes, certains intéressés, ainsi lésés, se crurent en droit de présenter des observations verbales à M. le maire Dutasta, qui ne leur donna aucune satisfaction précise.

C'est alors que, sur l'avis de leurs conseils judiciaires, les administrateurs de la Société des Moulins de Dardennes, prenant ainsi la défense de tous les intérêts lésés, firent tenir à M. le Maire, par voie d'huissier pour que la chose restât authentique et ne put être écartée du dossier, une protestation rappelant que la ville de Toulon avait vendu les susdits moulins avec leurs facultés d'eau, que ces facultés d'eau étaient formées notamment par les eaux sortant de la source de La Foux et que, par conséquent, les propriétaires des moulins de Dardennes faisaient inhibition à la ville de Toulon, venderesse des dits moulins, d'aliéner la source de La Foux et de réduire ou de limiter ainsi les quantités d'eau arrivant dans le Béal par ses voies séculaires d'alimentation et de mettre dans ce Béal une autre eau que celle qui y coulait actuellement.

Cette dernière inhibition était prudente, car l'eau qui de La Foux coulait dans le Béal était propre à l'irrigation des terres, au lavage du linge, au lavage des blés, à l'échaudage des olives, etc.; elle était saine, tandis que l'eau *indéterminée* que l'on aurait pu mettre à sa place dans le Béal à la disposition des usagers, aurait pu être l'eau échauffée, stagnante, croupissante et miasmatique de quelque barrage devenant infect pendant l'été.

L'opposition faite par la Société des Moulins de Dardennes aux articles 3 et 35 du cahier des charges et la demande faite par eux de la suppression de ces articles étaient donc légitimes et forcées. Les propriétaires de ces moulins ne pouvaient, en gardant le silence, en laissant, sans protestation préalable, conclure un traité renfermant ces articles, accepter la négation et la suppression des droits qui, en 1813, leur avaient été concédés en vente publique contre argent comptant; ils ne pouvaient laisser ainsi la ville détruire l'industrie qu'elle leur avait vendue. Leur silence et leur inaction en cette circonstance auraient pu être plus tard un argument et comme une fin de non recevoir à opposer à leurs réclamations ultérieures.

Monsieur le Maire aurait dû le reconnaître sans attendre le papier timbré de l'huissier et, se préoccupant des intérêts de tous ses administrés, il aurait dû s'assurer que 7,500 mètres cubes n'étaient pas même les deux tiers du débit du Béal dans les plus grandes sécheresses, et que cette quantité d'eau était insuffisante pour l'arrosage des terres et pour le fonctionnement des industries riveraines. Or, comme lui et son Conseil étaient maîtres des conditions du cahier des charges et que le délai pour le dépôt des soumissions n'était pas encore arrivé, la Municipalité n'aurait eu qu'à reculer un peu ce délai et qu'à prévenir le public qu'une modification avait été introduite dans le cahier des charges, et que cette modification consistait dans l'obligation de laisser dans le Béal la quantité d'eau limpide et pure réellement nécessaire, c'est-à-dire celle qui y arrivait depuis des siècles, et sur la quantité et la qualité de laquelle on s'était basé depuis des siècles, pour soumettre des terres à l'irrigation et pour créer des moulins et diverses autres industries.

Cette irrigation, ces industries, ces moulins, il était du devoir de la Municipalité de les conserver et de les protéger dans l'intérêt général, dans l'intérêt de la boulangerie locale et par suite dans l'intérêt des consommateurs de pain, dans l'intérêt du commerce de notre port déjà si languissant.

Aurait-on craint, si on agissait ainsi, de ne plus laisser à la Compagnie qui devait devenir concessionnaire, assez d'eau disponible pour en envoyer à La Seyne l'énorme quantité dont notre Municipalité actuelle a voulu absolument doter cette commune à perpétuité et à notre détriment? Mais, en bonne justice, l'intérêt d'un seul Toulonnais, d'un seul de ses administrés aurait dû, aux yeux de notre Municipalité, primer l'intérêt de tous les habitants de La Seyne ! Mais, à la rigueur, il devait suffire à notre municipalité, puisqu'elle voulait absolument faire la généreuse à nos dépens, d'envoyer à La Seyne seulement l'eau nécessaire aux services publics et non l'eau utile ou agréable aux particuliers, c'est-à-dire 750 mètres cubes et non pas 2,440 !

D'ailleurs, par les études de sa Commission des eaux, notre Municipalité actuelle aurait dû savoir aussi bien que M. Mesure, ancien directeur des Travaux de la ville de Toulon, devenu l'ingénieur-conseil de M. Martini, que l'on pouvait retirer de la vallée haute de Dardennes environ 17,000 mètres cubes d'eau potable, ou soit un excédant de 4,000 mètres cubes sur les 13,000 dus en réalité au Béal; elle aurait dû savoir (et comment a-t-elle fait pour l'ignorer), que le débit moyen des sources de Saint-Antoine, de la Baume et de Saint-Philip est non pas de 3,741 mètres cubes par 24 heures, mais, ainsi qu'un document officiel l'a fait connaître en 1852, que ce débit est, à l'origine de ces sources et à l'époque des plus basses eaux, de *dix mille quatre-vingts mètres cubes !*

Ce document officiel, qui existe à la Mairie, puisqu'il est formé par le rapport d'une Commission prise en 1852 dans le Conseil municipal, entre dans les détails les plus précis et mentionne toutes les opérations techniques de la Commission. Or, cette Commission était présidée et ses opérations étaient dirigées par un très éminent ingénieur qui a donné, croyons-nous, quelques preuves évidentes de sa capacité : M. Dupuy de Lôme. Nous ne pensons pas que M. Gaune même puisse contester la compétence de cet ingénieur.

Donc, sans affaiblir le débit du Béal, sans détruire l'irrigation depuis le Revest jusqu'aux portes de Toulon, sans détruire aucune des industries existantes dont quelques-unes sont si utiles au commerce de notre port, sans obliger les innombrables blanchisseuses, qui exercent leur profession sur un parcours de 7 à 8 kilomètres à acheter au prix du tárif l'eau qui est leur gagne-pain, on avait les 14,000 mètres cubes d'eau potable reconnus nécessaires, à 200 litres par jour et par habitant, aux 70,000 habitants de la commune de Toulon.

Au lieu de cela, qu'a-t-on fait ?

Avant tout il fallait que La Seyne pût enlever aux Toulonnais 2,440 mètres cubes d'eau potable chaque jour et alors, en traitant avec M. Martini, on a délié ce concessionnaire de l'obligation de tenir 7,500 mètres cubes d'eau dans le Béal pour le service des moulins, mais on ne lui a pas enlevé, que nous sachions, l'obligation d'exécuter les articles 36 et 37 relatifs aux arrosages de la commune du Revest et de quelques autres riverains. Le rapport de M. Gaune du 17 octobre 1881 disait textuellement que ce concessionnaire serait toujours tenu à conserver dans le Béal communal l'eau nécessaire à l'irrigation et à la propreté de la ville.

Puis, plus tard, en substituant la Compagnie générale des eaux à M. Martini et alors qu'on avait obtempéré à l'opposition faite par la Société des Moulins, on a délié le nouveau concessionnaire de l'obligation d'exécuter les articles 36 et 37

du cahier des charges, et de déverser même un seul litre
d'eau dans le béal.

Lorsque les conditions de la mise au concours de la concession pour la distribution et la vente des eaux potables et
d'irrigation dans la commune de Toulon ont été rendues
publiques par un avis de M. le Maire, en date du 24 janvier
1881, les divers concurrents ont étudié leurs projets, préparé
et ensuite déposé leurs propositions avec la croyance qu'ils
auraient à remplir les obligations des articles 35, 36 et 37,
du cahier des charges. Ils ont donc formulé leurs conditions
en conséquence, conditions qui, sans les obligations des
articles 35, 36 et 37, auraient pu être d'emblée plus avantageuses pour la ville. Quand ces obligations ont été annu-
lées, on n'a pas, suivant les règles administratives les plus
ordinaires, fait un nouvel appel à la concurrence sur de
nouvelles bases : on a tout simplement fait bénéficier le
concessionnaire choisi de la suppression de ces obligations.

M. le Maire a prétendu qu'en compensation il avait obtenu
de la Compagnie générale des eaux des concessions importantes.

Nous allons examiner si les modifications dont parle M. le
Maire sont véritablement des concessions importantes et
compensatrices.

*1° L'eau potable devra être amenée à une altitude de 80 mè-
tres et non plus à celle de 70 mètres portée au projet primitif.*

M. Devilliers, l'un des soumissionnaires, s'engageait à
établir sa prise d'eau à 77 mètres d'altitude. Déjà, dans son
rapport du 17 octobre 1881, pages xxx et xxxi, M. Gaune
avait dit textuellement que le *système de captation étant le
même dans le projet Devilliers et dans le projet Martini ,et
étant pratiqué au même endroit, une même prise donnerait
l'eau à la même hauteur;* et le 28 novembre 1881. (Bulletin
municipal n° 40, page 428), en répondant à M. Marnata qui

lui faisait observer qu'en ce qui concerne l'altitude, la proposition Devilliers était supérieure à la proposition Martini, M. Gaune disait encore *que le point de captation des eaux étant le même, les deux concessionnaires aboutiraient nécessairement au même résultat.*

Ce n'est donc plus 10 mètres, mais seulement trois mètres d'altitude en plus qui constitueraient la différence obtenue. Mais les sources de La Foux émergeant à l'altitude de 101 mètres au-dessus du niveau de la mer et rien ne devant plus gêner la Compagnie générale des eaux pour établir sa prise même à cette altitude, cette Compagnie a tout avantage à porter son réservoir de distribution à la plus grande altitude possible, cela lui permettant de vendre plus haut et plus loin cette masse d'eau potable dont notre municipalité lui a fait la généreuse désemparation au détriment du Revest et des autres riverains du béal, au détriment des industries locales et des fontaines publiques.

2° *L'eau nécessaire au service des bouches sous-trottoirs sera fournie gratuitement par la Compagnie, non seulement dans la ville, mais dans les faubourgs, alors que d'après le projet primitif, cette eau, dont le volume est de 1,000 mètres cubes par jour, devait être payée par la ville.*

3° *La quantité d'eau mise gratuitement, chaque jour, à la disposition de la ville pour les services publics, ne sera plus seulement de 2,700 mètres cubes, comme l'indiquait le projet, mais de 3,700 mètres cubes.*

Nous avons, au cours de la 1re partie de ce travail déjà traité ces questions et, en s'y reportant, le lecteur trouvera la réfutation de ces deux affirmations de M. le Maire.

En effet, M. Martini s'engageait :

1° A déverser gratuitement dans les ruisseaux de la ville une quantité d'eau égale à celle qu'ils reçoivent actuellement (article 26), quantité que le cahier des charges ne précisait point, mais qui a été fixée à 3,500 mètres cubes seulement dans le traité passé avec la Compagnie générale des eaux, quoique la quantité réelle en soit bien supérieure puisque, chaque jour, excepté du samedi à midi au dimanche à midi, toute l'eau du Béal arrive dans la ville pendant 12 heures sur 24 et que, pendant les 12 autres heures, une certaine quantité d'eau courante est obligatoirement laissée dans le Béal par les arrosants ;

2° A fournir gratuitement l'eau nécessaire aux bouches sous-trottoirs dans l'enceinte de l'ancienne ville, eau évaluée à 1,000 mètres cubes ;

3° A fournir gratuitement à la ville 2,700 mètres cubes d'eau potable, y compris l'eau nécessaire aux établissements de l'Etat, *mais non compris l'eau nécessaire à 200 fontaines de puisage* pour le service desquelles il fallait, au dire de M. Gaune, rapporteur de la Commission des eaux, *4,320 mètres cubes ;*

4° A fournir gratuitement l'eau d'arrosage à la commune du Revest et à certains riverains du Béal, les articles 36 et 37 du cahier des charges n'ayant point été supprimés comme l'article 35, lorsqu'on a déclaré M. Martini, concessionnaire.

Donc, sans parler des arrosages à fournir à la commune du Revest et à certains autres riverains du Béal, arrosages pour lesquels il aurait fallu le débit actuel de ce canal, et en ne portant qu'à 3,500 mètres cubes, *chiffre considérablement amoindri*, la quantité d'eau à déverser dans les ruisseaux de l'ancienne ville, M. Martini devait fournir gratuitement :

1° Pour les ruisseaux . . . . 3,500$^{m/c}$
2° Pour les bouches sous-trottoirs. 1,000
3° Pour les fontaines de puisage. 4,320
4° Pour divers autres services publics. 2,700
TOTAL. . . . . . . 11,520$^{m/c}$

8

Or, les articles 10, 12 et 13 du traité passé avec la Compagnie générale des eaux sont formels : cette Compagnie ne devra livrer gratuitement que :

1° 3,700 $^{m/c}$ à la ville, *y compris l'eau des 200 fontaines de puisage et y compris l'eau des bouches sous-trottoir*, les 3,500 $^{m/c}$ à déverser dans les ruisseaux devant être supprimés lors de l'établissement des bouches sous-trottoir ;

2° 450 $^{m/c}$ aux établissements de l'Etat.

4,150 $^{m/c}$ en tout.

Différence en moins sur les quantités à fournir par M. Martini . . . . : . . . 7,370 $^{m/c}$, *sept mille trois cent soixante-dix mètres cubes*, toujours sans compter l'eau d'arrosage à fournir gratuitement à la commune du Revest et à quelques autres riverains du béal et toujours en réduisant à 3,500 $^{m/c}$ l'eau nécessaire aux ruisseaux de la ville !

Où sont donc les 1,000 mètres en plus que M. le maire Dutasta dit avoir obtenus gratuitement de la Compagnie générale des eaux ?

En admettant que M. le Maire ait réellement obtenu de la Compagnie générale des eaux quelque petite concession, — si petite que nous n'avons pu la découvrir, — est-ce que cette obtention minime n'a pas été chèrement payée par les 7,370 mètres cubes dont la Compagnie concessionnaire se trouve avoir repris la libre disposition, tout en étant dégagée de l'obligation de faire passer une seule goutte d'eau dans le Béal ?

Est-ce que toutes ces différences entre les quantités d'eau que devait fournir gratuitement M. Martini et les quantités d'eau gratuite à fournir par la Compagnie générale des eaux ne constituent pas des changements de chiffres ? Cependant

M. le Maire disait à M. Marnata dans la séance du 21 avril 1883 : « Aucun chiffre nouveau n'a été introduit dans le « cahier des charges imposé à la Compagnie générale des « eaux ; tous les chiffres qui s'y trouvent ont été vérifiés et « adoptés par le Conseil. »

4° *Le terme fixé pour l'exécution des travaux est de 18 mois au lieu de deux ans.*

Il est très bon de rappeler tout d'abord ici le passage suivant du rapport de M. Gaune en date du 21 avril 1882, de ce fameux rapport à la simple audition duquel le Conseil municipal vota si lestement l'adoption du traité substitué aux engagements de M. Martini, de ce rapport qu'on n'a pas voulu livrer immédiatement à l'impression officielle, mais dont cependant une reproduction tronquée eut lieu dans le n° du *Petit Var* du 23 avril 1882 :

« En terminant ce rapport nous croyons pouvoir vous « affirmer qu'une partie de la distribution des eaux potables « sera terminée avant le délai de 18 mois et que l'année 1883 « verra se réaliser non-seulement cette distribution d'eau po- « table que nous attendons depuis plus de 25 ans, mais aussi « l'arrosage à mode continu, auquel personne ne croyait et « que nous obtiendrons dans le même temps et jusqu'à une « hauteur de 80 mètres, c'est-à-dire que toutes les terres « situées au-dessous du niveau des forts d'Artigues et du « Petit Saint-Antoine et à la hauteur du Petit Cap-Brun pour- « ront être arrosées. » (*Bulletin municipal* n° 50, page 163).

De plus, M. le Maire, dans cette même séance du 21 avril 1882, poussant le Conseil à ratifier de suite, et tel qu'il était présenté par le Rapport de M. Gaune, le traité à passer avec la Compagnie générale des eaux, disait :

« Il y a du reste un grand intérêt à ne pas retarder inuti- « lement la solution de cette affaire, attendu que nous « sommes menacés d'un été exceptionnellement sec, que « déjà certaines fontaines manquent d'eau par instant et « que la Compagnie se propose, si on lui en donne le temps,

« d'organiser immédiatement et, dès cet été, un service pro-
« visoire de distribution d'eau sous pression, qui, sans sa-
« tisfaire encore tous les besoins, améliorera d'une façon
« très notable la situation. » *Bulletin municipal*, n° 50, page
164. — Journal le *Petit Var* du 23 avril 1882.)

Quelqu'un se souvient-il d'avoir vu fonctionner pendant
l'été de 1882 ce service provisoire de distribution d'eau sous
pression ?

Nous sommes en décembre 1883 et nous n'avons vu se
réaliser encore ni la distribution d'eau potable, ni l'arrosage
à mode continu.

Cependant, à prendre à la lettre le Rapport de M. Gaune,
il a dû sembler au conseil municipal et surtout aux lecteurs
du *Petit Var* que c'était dans un délai de 18 mois à partir de
la passation du traité que les travaux d'adduction et de distribution des eaux potables et d'arrosage à mode continu allaient être obligatoirement terminés.

En fait il n'en est rien.

Les articles 34, 55 et 60 du Traité donnent à la Compagnie
générale des eaux les moyens de reculer de 4 à 5 ans à partir
du 3 mai 1882, date de l'approbation préfectorale, le moment
obligatoire d'avoir achevé ces travaux. Si donc elle n'use pas
de tous ces délais ou si ces délais sont, à la rigueur, un peu
moindres que ceux dont M. Martini aurait pu user, c'est
qu'elle y trouvera son profit. Elle n'a conclu son traité que
parce qu'elle en trouvait l'exécution lucrative pour elle. Donc
c'est elle qui a le plus d'intérêt à ce que les travaux soient
promptement exécutés.

5° *La redevance que la Compagnie paiera à la ville sera
calculée, non plus sur les bénéfices, presque impossibles à
contrôler, mais sur les recettes brutes qu'il est facile de cons-
tater d'après les polices d'abonnement.*

On ne nous fera point croire que la Compagnie générale

des eaux ait accepté ce mode de payer une redevance à la
ville, s'il n'était pas équivalent à l'autre mode ou plus avantageux pour elle. Il est évident qu'il a toujours pour elle
l'avantage de ne point faire connaitre aux Toulonnais les
énormes bénéfices nets dont nous aurons à faire les frais.

Où est le calcul prouvant qu'il y aura avantage à percevoir
la redevance plutôt sur les recettes brutes que sur les recettes
nettes? Nous ne l'avons trouvé dans aucune des communications faites au Conseil municipal.

6° *L'irrigation du territoire entier de la commune jusqu'à
l'altitude de 80 mètres, qui ne devait avoir lieu qu'après un
chiffre de souscriptions correspondant à 800 hectares,* CE QUI
AJOURNAIT PRESQUE INDÉFINIMENT LE BIENFAIT DE L'IRRIGATION
RÉCLAMÉE PAR TOUS, *aura lieu immédiatement par un service
d'arrosage à mode continu ;*

7° *Ce genre d'irrigation devra être porté à l'altitude de 120
mètres, dès que le montant des abonnements représentera le
10 p. 0/0 des sommes nécessaires aux travaux à exécuter.*

L'article 58 du cahier des charges accepté par M. Martini
disait :

« Les eaux d'irrigation pourront être concédées d'un mode
« continu, comme les eaux potables, au moyen de conduits
» et aux prix suivants :

QUANTITÉS D'EAU EN LITRES PAR 24 HEURES	REDEVANCE ANNUELLE
« 1,000 litres	40 fr.
« 2,000 »	70
« 3,000 »	100
« 4,000 »	125
« 5,000 »	145 »

Et nous lisons dans l'article 36 du traité avec la Compagnie
générale des eaux, qui est l'article 1er du chapitre II relatif à
l'arrosage à eau continue :

« Dans toute la zône indiquée à l'article 6 (celle à desservir
« par l'eau potable entre le niveau de la mer et l'altitude de

« 80 mètres), la Compagnie devra faire servir sa conduite
« forcée aux arrosages à mode continu pour la zône comprise
« entre 80 et 120 mètres..... Le prix des eaux continues est
« fixé comme suit :

QUANTITÉS EN LITRES PAR 24 HEURES	REDEVANCE ANNUELLE
1,000 litres.	60 fr.
2,000 »	90
3,000 »	120
4,000 »	145
5,000 »	165

..... Dans le cas où le terrain recevant les eaux continues
ne contiendrait pas de maison d'habitation, chacune des
redevances ci-dessus serait diminuée de 20 francs ; il en serait
de même dans le cas où les eaux continues fournies ne rem-
pliraient pas les conditions et qualités exigées pour l'eau
potable. »

A la lettre cela veut dire que la Compagnie ne donnera de
l'eau sous la rubrique d'arrosage à mode continu et, par
conséquent, aux prix du tarif ci-dessus qu'aux terrains situés
entre 80 et 120 mètres d'altitude. Quant aux terrains situés à
80 mètres et au-dessous, ils ne pourront être arrosés à mode
continu qu'au prix de l'eau potable proprement dite, savoir :

1,000 litres.	60 fr.
2,000 »	120
3,000 »	150
4,000 »	180
5,000 »	200

A ces prix la moindre culture arrosée sera un objet de
grandissime luxe; une salade coûtera cher !

D'ailleurs, même au prix du tarif Martini, cet arrosage ne
pourrait être considéré comme un arrosage agricole, car
5,000 litres d'eau continue coûteraient annuellement 145 fr.,
et dans le terroir de Marseille, où le canal livre 8,640 litres
de cette eau à 115 francs, ce prix est encore considéré
comme beaucoup trop élevé pour les usages agricoles.

Dans la 1ʳᵉ partie de ce travail nous avons déjà démontré combien il serait onéreux et difficile aux propriétaires situés entre 80 et 120 mètres d'altitude d'user de ce mode d'arrosage. Que le lecteur veuille bien s'y reporter et il verra le néant des concessions que M. le Maire prétend avoir obtenues à ce sujet.

Mais nous ne pouvons nous empêcher de faire encore un emprunt au grand discours de M. le Maire, du 27 octobre 1882 :

« On nous dit : une industrie importante, celle des blan-
« chisseuses sera ruinée. A ceux qui tiennent de pareils
« propos vous êtes en droit de répondre qu'ils sont mal
« instruits, ou qu'ils agissent en alarmistes malveillants. En
« effet, la Compagnie est tenue de fournir de l'eau, au prix
« du tarif, à tous ceux qui lui en feront la demande. Donc,
« les blanchisseuses auront de l'eau pour leur industrie. »

Eh bien! pauvres blanchisseuses, vous savez maintenant qu'en achetant de l'eau au prix de l'eau potable, vous laverez votre linge aussi bien que vous le laviez dans le béal ou dans la rivière de Dardennes. De quoi pouvez-vous vous plaindre! Si vous trouvez le pain trop cher, mangez de la brioche.

8° *L'établissement d'un canal d'irrigation périodique* aura lieu dès que les abonnements correspondront à l'arrosage non plus de 1,000 hectares, mais de 800, et dans le compte de ces 800 hectares on fera entrer : 1° toute la surface arrosée déjà d'après le mode continu; 2° tous les abonnements compris dans la commune de Toulon; 3° tous les abonnements contractés dans les communes traversées par le canal projeté.

M. Martini avait déjà accepté d'entreprendre le canal d'irrigation dès que les souscriptions recueillies assureraient l'arrosage de 800 hectares seulement et, chose essentielle, il n'avait point, comme la Compagnie générale des eaux, accolé à ces 800 hectares la qualification d'*effectifs*, qualification dont nous avons eu soin, dans la 1ʳᵉ partie de ce travail, de dénoncer toute la portée. *Mais M. le maire Dutasta a dit textuellement qu'un chiffre de souscriptions correspondant à 800 hectares ajournait presqu'indéfiniment le bienfait de l'irrigation :* en ce cas, fixer 800 hectares, au lieu de 1,000, ne nous avance guère.

Aucune clause de son traité n'interdisant à la Compagnie concessionnaire de substituer l'eau de son canal d'irrigation, *lorsqu'elle aura amené cette eau*, à l'eau potable fournie jusqu'à ce moment aux arrosages à mode continu, la Compagnie, en faisant cette substitution, aura une nouvelle quantité d'eau à vendre aux prix et conditions de l'eau potable et plus elle distribuera à mode continu de l'eau de son canal d'irrigation et plus de bénéfices elle aura à cause des prix très élevés du tarif de cet arrosage à mode continu. La Compagnie n'a donc fait, à notre avis, aucune concession et aucun sacrifice en consentant à faire entrer dans le compte des 800 hectares la surface arrosée d'après le mode continu, surface qui mettra, du reste, bien longtemps à pouvoir entrer utilement en ligne de compte, car n'oublions pas qu'au prix où l'eau sera vendue et avec les difficultés et les frais d'établissement des conduites, l'arrosage à mode continu constituera un arrosage tout à fait de luxe et non une irrigation vraiment agricole.

Et que les abonnements correspondant aux premiers 800 hectares à irriguer soient réalisés partie dans la commune de Toulon, et partie dans d'autres communes, en quoi cela peut-il importer beaucoup à la Compagnie, ces hectares ne pouvant être que sur le parcours de son canal ?

Lorsqu'il s'est agi de faire préférer par le Conseil municipal le projet Martini au projet Devilliers, le rapporteur de la Commission des eaux s'est beaucoup appuyé sur la certitude qu'il y avait d'obtenir, par les moyens proposés par

M. Martini, de l'eau d'irrigation. Le 22 septembre 1881, la Commission des eaux était allée voir les sources apparentes et les lieux renfermant les sources souterraines que M. Martini devait capter. M. Martini avait communiqué un avant projet (fort bien dressé, il faut en convenir, par M. l'ingénieur Mesure), relatif aux travaux à exécuter pour capter et canaliser les eaux de ces sources; il avait communiqué un devis des dépenses à faire, s'engageant à construire un canal d'irrigation alimenté, non point par des moyens artificiels, comme voulait le faire M. Devilliers, *mais par des eaux à régime constant*, eaux existantes sur et sous le sol, au voisinage de Méounes, c'est-à-dire très près de Toulon.

Le Rapport de M. Gaune du 17 octobre 1881 dit textuellement ceci : « La Commission a été frappée de la quantité « considérable d'eau courante que l'on rencontre à cette alti- « tude aussi élevée (300 et 340 mètres au-dessus du niveau « de la mer) et par un temps de sécheresse comme celui que « nous avons traversé. Ces sources, pendant une grande « partie de l'année, ont un débit bien plus considérable et il « y a toute probabilité que la quantité d'eau qu'elles don- « nent, pendant les six mois d'hiver, pourra alimenter des « réservoirs considérables qui recevront en plus, pendant « l'été et après une longue sécheresse, un minimum de 162 « litres par seconde. »

« *Ce projet présente donc une base bien connue et sur la- « quelle nous pouvons compter avec la plus complète certi- « tude.* »

Eh bien ! toutes les indications données par M. Martini sur les lieux et sur les sources d'où il devait tirer l'eau d'irriga- tion, et *tous les engagements résultant de ces indications*, ont disparu du Traité passé avec la Compagnie *substituée* à M. Martini.

Lorsqu'un conseiller, M. Duthoit, a eu l'indiscrétion de

demander à M. le Maire où la Compagnie prendrait ses eaux, M. le Maire a répondu que le Conseil n'avait pas à se prononcer sur ce point; que ce soin regardait la Compagnie; mais que cependant il croyait pouvoir affirmer que la Compagnie n'avait nullement l'intention de donner suite à l'idée qu'avait M. Martini de demander des eaux à la vallée de Méounes. *(Bulletin municipal* n° 50, du 16 au 30 avril 1882, page 165.)

Ont disparu aussi du Traité toutes les indications données par M. Martini sur les travaux qu'il s'engageait à faire pour exécuter l'adduction des eaux d'irrigation, travaux dont il fixait d'avance le coût à 3,900,000 francs pour l'irrigation des premiers *quinze cents hectares*, et sur cette somme il fixait à 2,600,000 francs le capital à engager par lui et à 1,300,000 francs, c'est-à-dire au tiers (proportion habituelle), la subvention à obtenir de l'Etat, se rapportant pour justifier la demande de cette subvention à l'article 9 du cahier des charges ainsi conçu :

« La ville s'engage à aider la Compagnie de tout son pou-
« voir pour lui faire obtenir de l'Etat une subvention propor-
« tionnelle à la dépense qui sera faite pour tous les travaux
« d'irrigation approuvés par la ville. »

A la place des indications et des engagements de M. Martini, que trouvons-nous dans le Traité passé avec la Compagnie générale des eaux?

1° Silence absolu sur les lieux où se trouve l'eau d'irrigation, sur les voies, moyens et dépenses pour amener cette eau ;

2° Les 800 premiers hectares pour lesquels on devra prendre abonnements devront être *effectifs* ;

3° La portion de la dépense à la charge de la Compagnie ne pourra en aucun cas dépasser deux millions pour l'ensemble du projet, c'est-à-dire même pour l'irrigation de 3,000 hectares ! et il faudra que cette petite part contributive soit garantie par l'Etat d'un revenu annuel minimum égal à un intérêt de 4,65 0,0 du capital ou d'une subvention équivalente !

Cette subvention équivalente à un intérêt annuel de 4,65 0/0, n'est-ce pas tout simplement les deux millions ?

Il nous semble que voilà encore des chiffres autres que ceux existant dans le projet Martini adopté le 12 décembre 1881 par le Conseil municipal.

Une question se pose ici tout naturellement comme elle s'est posée, lorsque dans la première partie de ce travail, nous avons examiné les conditions relatives à l'eau d'irrigation :

Si les débours pour l'adduction des eaux d'irrigation doivent excéder deux millions, qui fournira cet excédant ?

En résumé, il nous est impossible de saisir en quoi consistent ces concessions importantes que M. le Maire a affirmé avoir obtenues en échange de la suppression des articles 35, 36 et 37 du cahier des charges primitif.

Nous ne pouvons voir dans ces affirmations de M. le Maire que des *moyens oratoires* et nous persistons à dire que nous avons perdu au change dans la substitution des engagements de la Compagnie générale des eaux aux engagements de M. Martini.

Nous ne sommes ni des adversaires politiques de M. le maire Dutasta, ni ses concurrents devant les suffrages électoraux ; encore moins sommes-nous hostiles à sa personne ; mais nous sommes des Toulonnais et ses administrés. Or, il nous est impossible de voir un acte utile à notre ville et un acte de bonne administration dans la conclusion d'un traité qui donne à perpétuité à la commune de La Seyne une partie des eaux dont les Toulonnais jouissaient depuis des siècles et qui nous livre, pour 63 ans, au monopole onéreux et excessif d'une Compagnie financière, sans compensations équivalentes et sans garanties suffisantes.

Ce traité, tel qu'il est, pourrait à peine se comprendre si Toulon manquant presque absolument d'eau, la Compagnie concessionnaire lui amenait des eaux nouvelles, appartenant en propre à cette Compagnie. Le cahier des charges qui avait été élaboré pour servir de base à un appel à la concurrence, n'est guère qu'un pastiche des cahiers des charges souscrits par les villes qui, n'ayant point ou presque point d'eau, ont été obligées, pour en avoir, de subir des conditions parfois très dures ; mais avec les dix mille mètres cubes fournis par les sources de La Baume, de Saint-Antoine et de Saint-Philip, mais avec les eaux de la vallée haute de Dardennes que personne, pas même les propriétaires du Ragas, ne pouvait détourner sans la volonté et le concours de la ville, Toulon était dans une situation tout autre et sa municipalité actuelle aurait dû et pu agir autrement en cette circonstance.

Cela n'a pas échappé à tous les Conseillers municipaux, à ceux qui malheureusement ont été en minorité. Sans relater toutes les observations fort sensées qui ont été faites par ces Conseillers, rappelons particulièrement que M. Bauvais, dans la séance du 12 décembre 1881, déposa une proposition tendant au rejet des soumissions faites par les deux concurrents et à la nomination d'une Commission qui aurait revisé le cahier des charges et dont le travail aurait servi de base à un nouvel appel à la concurrence. (*Bulletin municipal*, n° 11, page 148).

Naturellement une proposition aussi raisonnable ne fut pas prise en considération et, au lieu d'un nouvel appel à la concurrence, nous avons vu, le 21 avril 1882, neuf mois après que M. Martini a eu déposé sa soumission et cinq mois après que le Conseil l'a eu accepté comme concessionnaire, nous avons vu, disons-nous, sortir des conférences intervenues entre la Municipalité et les agents de la Compagnie générale des eaux ce Traité qui, au dire de M. le conseiller Lavène *(Membre de la Commission des eaux)*, *est vicié par la base et par le fond*, parce que, explique-t-il, on y fait des *avantages énormes* à la Compagnie, parce qu'il a été élaboré par un petit comité se composant du Maire, de M. Gaune et du Directeur général de la Compagnie des eaux, — parce qu'il a été soumis à une discussion trop courte de la Commission, — parce que le Conseil l'a adopté dans la moitié d'une seule séance, etc., etc. (Journal le *Petit Var*, n° du 29 octobre 1882, compte-rendu de la séance du Conseil municipal du 27 octobre.)

Et en voilà pour 63 ans, c'est-à-dire jusqu'en mai 1945 ! Et lorsque le premier engouement du public sera passé, lorsqu'on verra par quels sacrifices lourds et nullement nécessaires on paie les avantages de l'extension de la distribution des eaux, que pourront faire, pour remédier à cet état de choses, les successeurs de notre municipalité actuelle? Rien. — Un proverbe russe l'a dit : « Un fou jette un diamant dans la mer, cent sages ne pourront l'en retirer. »

788 — Toulon, Imprimerie E. COSTEL, cours Lafayette, 74.

www.ingramcontent.com/pod-product-compliance
Lightning Source LLC
Chambersburg PA
CBHW052221270326
41931CB00011B/2432